解锁：人际沟通的密码

穆　程◎著

线装书局

图书在版编目（ＣＩＰ）数据

解锁：人际沟通的密码 / 穆程著. -- 北京：线装书局, 2023.8
　　ISBN 978-7-5120-5585-8

　Ⅰ. ①解… Ⅱ. ①穆… Ⅲ. ①人际关系学 Ⅳ.
① C912.11

中国国家版本馆CIP数据核字(2023)第144160号

解锁：人际沟通的密码
JIESUO: RENJI GOUTONG DE MIMA

作　　者：穆　程
责任编辑：白　晨
出版发行：线装書局
　　　地　　址：北京市丰台区方庄日月天地大厦 B 座 17 层（100078）
　　　电　　话：010-58077126（发行部）010-58076938（总编室）
　　　网　　址：www.zgxzsj.com
经　　销：新华书店
印　　制：三河市腾飞印务有限公司
开　　本：787mm×1092mm　　　1/16
印　　张：11
字　　数：155 千字
印　　次：2024 年 7 月第 1 版第 1 次印刷

定　　价：68.00 元

线装书局官方微信

前　言

　　人类的发展是一场生存之旅，我们的大脑结构在适应生存环境的同时也展现出了对自身发展的限制，漫长的生存发展史，让我们诞生了独有的思维模型和复杂的心理结构。据研究发现，人的大脑能记住某图书馆藏书的 50 倍，而该图书馆藏书有 1000 多万册，也就是说，人的记忆容量相当于 5 亿本书籍的知识总量 1。然而我们却常常会忘记东西，在需要刻意记住一些信息时，我们还会变得有些吃力，这是由人脑进化出的信息筛选能力和选择性遗忘能力造成的。再有，童年的经历或者特殊事件的刺激会在我们的心里留下一些印痕，而这些印痕会左右我们的思想、影响我们看待事物的角度以及做抉择的方向；当内心烦躁需要我们理清头绪时，情绪会障碍理性思考；与祖先相比，直接危及到生命的自然因素在降低，恐惧和担忧却不曾减少；语言的发明本意是提高效率、促进和谐以及减少争端，误解和争执依然存在；科技的发明的本意是为了让人类过上高效有品质的生活，然而人们的幸福感与上世纪的父辈相比并没有提高多少。人类这些因为生存竞争而保留下来的情绪、思考和行为模式，有时候就像是一把"锁"，锁住的是自身的潜能、人生的效能和生命更多的可能；或者像是一条"线"，将具备固定型思维和成长型思维 2 的人隔开，在这两类人的眼中同一个事件有着完全不同的含义和意义，明明身处同一片空间，却偏偏又像是生活在两个完全不同的世界。所以从某种意义上来讲，人类的成长过程就是不断"解锁"的过程，解除那些来自意识或潜意识的枷锁，从而引起自身一系列的变化，打破不利于发展的局面，用更加开阔的视野看待人、事和物，调整心态、适应环境、提升心境、改变处境，达到内外统一、知行合一的境界。

　　人类的发展也是一场回归之旅，以前听过一个有趣的故事：一群科学家研究如何将信息保留更长的时间，经过各种实验和长期论证，最后的结论是：刻在石头上，而这件事在石器时代的祖先看来是一件不用刻意思考的事，因为他们只能刻在石头上。人类的某些特性受遗传和文化传承的影响，究其本质是相同的，只是不同的时代有着不同的呈现。比如，孔子在两千多年前就讲过："君子求诸己，小人求诸人" 3，而现在也有人讲："改变别人是'神经'，而改变自己才是'神'"。这两种说法都说明了：关注影响圈 4（我们直接、间接或通过努力能改变的部分）才是解决问题的根本之道，关注关注圈 4（我们无法改变的部分）只能获得焦虑和不安。人类早期发明语言的目的之一就是在危险来临之际，能更准确的标注和传递信息，但随着时代的发展、语言的丰富、社会的演变，人类不再单纯依赖于自然环境，而是建立了人类特有的社会文明，由于生活环境的改变以及个人阅历和情感基础的不同，加上新兴词汇的诞生以及一词新解、一词多义、一义多词的现象，导致部分沟通信息无法得到及时有效的解读，以至于成为了现代家庭交流和企业管理中一个不可忽视的问题。NASA 的一位领导者斯蒂芬·约翰逊发现："80%～95% 的失败，最终都是由于人为失误或者沟通不良造成的"5。因而对很多人来说，培养沟通能力已经成为一个绕不开的课题。一直以来，我把"提升沟通能力"视为一场语言交流的回归之旅，希望通过培养沟通能力来改善人际情感的交流、促进生活的和谐以及共创高效能的人生。让我们一起消除沟通障碍、促进人际和谐、共同创建成长的氛围、一起营造共赢的环境。

作者序言

　　自本人2018年开启了培训师之路起，讲过很多的主题的内容，包括催眠疗愈、思维导图、记忆方法、绩效管理、创业培训、团队建设等，其中讲沟通类主题的时间比其它几种加起来都多得多，不论是进企业讲销售技巧、团队管理和团队协调，还是进学校讲学校教育和家庭教育，随着沟通课程授课经验的积累，以及沟通课程的逐步完善，受益的人越来越多，一些朋友提议让我将授课内容整理成书，便于大家学习、复习和练习。本书内容包含了沟通过程中可能会出现的各类状况及应对措施和为达成沟通目的需要做出的心态调整及信念建立，以便于读者根据自身的沟通情况做出分析、判断和改善，能够为其所处情景，比如夫妻交流、亲子教育、企业管理、产品销售、咨询服务、法律服务等，提供沟通工具和思路。

　　曾经有人问我：为什么这么重视沟通？我一般从三个方面来回答：一是人生经历，二是从业经验，三是市场环境。

　　从我的人生经历来讲，发生在自己身上的很多次不幸都是来自于不善沟通，父母在我7岁的时候就得病去世了，后面就轮流寄宿在二伯和四叔家，高中以后就是在姐姐（二伯的女儿）家生活，很长时间里我不太愿意表露内心真实的想法。不论小时候在学校被人欺负不敢说（担心给叔伯们制造麻烦），从而后来酿成大祸（在一次与人对抗中差点将对方毁容）；还是读大学想多学点技术和多考点证，害怕提（担心增加叔伯们的经济负担），导致后来从业经历坎坷（除了学位证和毕业证，缺少其它的"敲门砖"）。酿成大祸也好、错失良机也罢，都是由自身沟通障碍造成的不良结果。所以于我而言，做人做事有远见还不行，还得会沟通。

就从业经验来讲，从最开始做心理学知识分享、心理咨询，到后来办读书会，再到现在做企业咨询（企业/团队文化建设），不管我们业务如何变化，始终绕不开一个课题，那就是"沟通"，只是不同类型的人际协调与沟通侧重点不同而已，比如夫妻交流、亲子教育、公司会议、社交情感、心理咨询、产品销售、客户服务等情境的目标或导向均有所不同。根据美国普林斯顿大学对一万份人事档案进行的调查分析发现，"智慧"、"专业水平"和"经验"只占成功因素的40%，其余60%取决于良好的"沟通"[6]。所以，沟通是家庭幸福、事业成功一项不可或缺的基础能力。

从市场环境来看，一是许多家庭关心育儿的问题，二是沟通类的课程成为了许多企业必点的一份"菜"。正如美国石油大王洛克菲勒讲过的："假如人际沟通能力也是同糖或咖啡一样的商品的话，我愿意付出比太阳底下任何东西都珍贵的价格购买这种能力。"因为沟通是最容易导致生活和工作出现差错的一项重要因素，一个微妙的表达或沟通可能会让事态朝着完全不同的方向发展，会让家庭或企业付出成倍的代价。

站在人生经历、从业经验和市场环境的角度，从事以改善沟通为目标的讲解、指导、督导实践等工作使我倍感荣幸，"共建沟通桥梁、创造和谐共进"成为了我的使命，用沟通促进师的身份来协助他人或组织（家庭、企业、社会团体等）通过高效能的沟通让事业和生活更加美好而和谐。

本书的内容得益于接近5年我给很多企业、团队和家庭所做的沟通培训，其中与我陪伴最久的还是勇拓者法律服务团队（以下简称：勇拓者），在我从事培训行业的第二个年头，即2019年底，有幸与该团队结识并给他们提供团队文化建设的服务。能够给勇拓者提供如此长时间的知识赋能，除了我所提供的内容具有工具性和实用性之外，还得益于团队长尹红梅和其他团队成员的坚持和对本人的信任。虽然他们所从事的是法律服务工作，在我看来勇拓者是一个集销售和服务于一体的优秀团队，他们每天的工作就是跟各方进行大量的沟通（包括了当事人、当事人的亲属、责任方、警方、法医和保险公司等相关组织机构、企事业单位和个人），所以他们在沟通上得到的锻炼机会特别的多。在4年的时间里，勇拓者团队坚持每周六上午的知识团建与培训，所学知识、技能涉及思维导图、沟通技巧、沟通工具、心态调整、团队管理和目标管理等，他们长期与我共同研修沟通知识和技能，通过勇拓者每一位成员的实践和验证，最终围绕着家庭、事业、人际、健康四个维度，筛选出了一些实用的工具和思想，形成了三天两夜的沟通训练营课程，并经过许多个人、家庭和企业的进一步验证，沟通协调能力均得到了不同程度的提高，为了让更多人能够从中受益，通过改善沟通，让事业更顺利、家庭更和谐，我将这些内容整理成文供读者查阅。

最后，关于本书的阅读建议，由于本书内容是研修（学习+实践+总结+研讨+完善）的产物，对沟通过程做了不同层面的结构性拆解，读者可以先全览本书逻辑架构，再根据自身沟通情况翻阅相应章节，找到改善沟通的思路和方法。如果读者对本书内容了然于胸，也可以为自己和身边朋友的沟通提供诊断的依据和改善的建议。本书里面的练习能够循环使用，可以就某一次沟通或者某一类型沟通进行针对性的练习，直至改善沟通或达成沟通目的。

作者：穆程

目　录

第一章　基本概念
——认识沟通才能改善沟通

　　生活中一些朋友有非常强烈地改善沟通的意愿却不知道从何入手，或者学过很多的沟通工具和方法却因为对应用场景和适用心态不清晰，导致沟通的改善效果不尽如人意。改善不明显的原因有很多，包括对自己思想行为和情感反应的了解、对培养沟通能力的态度、对行为调整带来自身变化的认识、对身在逆境的处理方式以及对沟通本身的理解程度等，这些因素都会影响到沟通的改善效果，本章的主题是：认识沟通才能改善沟通，主要从沟通结构和语言特性两个方面来阐释沟通，读者借此对自身沟通可以有一个初步的了解和认识。

第一节　从沟通结构看沟通

　　我经常在正式授课前会问学员一个问题："你们知道学习分几种角色吗?"，有人会回答："学神、学霸和学渣"。我继续问："基于结果来评判是这样的，那么就学习过程怎样来划分学习角色呢?"答案是："犯人"、"过客"和"发现者"。

　　首先，什么是"犯人"？我们可以先设想一下"犯人"的状态，作为一个"犯人"最大的特点就是没有人身自由，一个人失去自由会是一个什么样的体验呢？绝大部门人是没有遇到过被严重限制自由的情况，但会有类似的经历，因为某种传染性疾病大规模爆发被要求某个时间段内禁止与他人接触，或者小时候作业没做完被禁止出去玩，时间短对人的身心影响不是很多大，如果时间长度超过了自己的忍受限度，人就会觉得备受煎熬，一旦"解禁"，就会出现类似于"报复性消费"或"报复性休闲娱乐"的现象。所以成为"犯人"的时候，人是很难受的。

其次，什么是"过客"？生活中有一部分人看了书、上了课，觉得自己"知道了""懂了"，但并没有把学到的知识真正记下来。换句话说，这部分人只停留在输入的"自我满足感"中。这类人注重的不是实践和体验，而是"我知道了"或者"我已经见识过了"。而学习中的"过客"注重的是了解而非实践，不需要透彻的理解，知道了一些概念或名词，有证据显示"我学过了"就行。有时候也会给信息输出方一种"你表演就好"的感觉，对学习一般都停留在"知其然"[7]的阶段。

最后，什么是"发现者"？回想一下，学龄前儿童或者自己小的时候，是不是走到哪都喜欢问个"为什么"或者"这是什么"。像80后这一代小的时候，抓蝴蝶、捉迷藏都可以玩一下午，会关注每个蝴蝶都有什么不同，体会与同伴游玩的乐趣。那时候的我们就是"发现者"，懂得从一些很小的细节当中去发现一些新奇的东西，经常会问一些类似"花儿为什么这样红"、"为什么车轮是圆的而不是方的"等在大人看来显得特别的幼稚和无知的问题。总之，"发现者"具有很强的探索欲望，善于发现各种事物的新奇和不同之处，对外界信息保持一种高度开放的状态，如同海绵一样主动吸收各种信息，也如空杯一样拥有极大的容纳空间。

学习中存在着三种角色，对于沟通而言也是如此，当我们与人交流如坐针毡、流于形式或谈笑风生时，所对应就是这三种角色，我们可以透过所扮演的角色来看自己的状态，看看自己在沟通过程中到底是处在"犯人"、"过客"还是"发现者"的位置？从而根据沟通情境的需要及时地做出调整。

沟通是我们不可或缺的人际交流工具，跟日常生活息息相关的各个方面（包括心理健康、管理、营销、教育等）都会涉及到沟通。无论是以营销、谈判、公关、管理还是以夫妻情感、家庭教育为主题的沟通培训，随着时代的发展而不断地完善改进，之所以会有人络绎不绝地学习沟通，主要有两方面的原因，一是不管我们愿不愿意承认，现代社会中超过70%的时间都用在了沟通与协调上面；二是凡是工作和家庭的障碍，有70%的原因是沟通不畅以及关系不协调导致的。时至今日，沟通依然是许多企业和个人成长的必修学科。

在日常生活中，我们一般会遇到哪些沟通障碍？

情景一：在对话的时候，各说各的，大家都试图说服对方，但谁也不听对方的，好比鸡同鸭讲话。

情景二：公司开会时，七嘴八舌，各抒己见，始终无法达成统一的意见，消耗了大量的时间，会议效果不明显。

情景三：社会交往过程中，甲方向乙方表达自己的诉求，却让乙方感觉不知所云，听不懂甲到底要表达什么。

情景四：公司部门主管布置任务后，下属做事的效果和主管想要的不一致，甚至完全相左。

情景五：销售产品或客户服务的过程中，所有能做的都做了，但是客户依然不满意。

情景六：在教育孩子的过程中，有些简单的事情重复教育多次，结果总是不如人意，孩子有时候不但会犯同样的错误，甚至有可能变本加厉。

之所以存在这些现象的原因是沟通本身存在着"深度够不够"的问题，换句话说，沟通中彼此的接纳程度决定了沟通的效果如何。一般我们将沟通分成五个层级，即寒暄客套、陈述事实、沟通意见、分享感觉和敞开明亮。

以"相亲"为例，

【寒暄客套】

首先男女双方并不熟悉，经由某位阿姨介绍认识，在咖啡厅见面。见面第一件事是：打招呼——"您好，我是某某阿姨介绍的，我叫×××，请问您是不是××先生/女士？"。见了人家男士或女士为了打开话匣子总得找点话题吧——"您这个发卡真好看"、"您的这件衣服很符合您的气质"等，说一些具有暖场作用的寒暄客套话。

【陈述事实】

在双方初步了解的过程中，会涉及到本次相亲的目的，比如"自己今年32岁，未婚"、"爸妈催着结婚"之类的话题，会谈论一些具有事实性质内容，这就是在陈述事实。

【沟通意见】

进一步，双方会谈论一些自己对结婚的想法，沟通一下彼此的意见。

【分享感觉】

临近结束时，谈一下对本次约会的感受，比如"跟你聊天很愉快"、"感觉可以做朋友"、"我们可以处一段时间"等，这就是分享感觉。

【敞开明亮】

针对下一步，如果这次感觉不好就不会再见面了，但要是感觉好的话，就会有再约的可能，而在下次见面的时候，多少会聊一些比上次更深入的话题，进一步扩大开放区[8]，逐渐做到敞开明亮。

不论是恋爱、销售、管理还是教育都一样，即人际交流的深度决定了相互影响的程度以及后续合作的可能性。以前我们做读书会的时候，也会有这样的现象，如果会员或顾客参与的本次活动感受特别好，下次再邀请他（她）参加是很容易的，而且下次他（她）会跟大家聊一些更深入的话题，人也显得更加的开放。

不难发现，前四个环节是在为最后一个环节做铺垫，起到"润滑剂"的作用。曾经有人在课堂里问我："穆老师，要不要每次都这么麻烦？"，甚至有些夫妻会讲："都老夫老妻了，哪有那么多的话要说"，更有些老板会说："我给他发工资就是让他做事，爱听不听，不听滚蛋！"等类似的话。针对这种情况，我们需要反思两个问题：其一，一个让你感受不好的人，你愿意跟他多说话吗；其二，一个让你感受不好的人，你愿意跟他长期合作共事吗？将心比心，人与人之间在人格上都是平等的，在彼此都很难受的情况下，无论沟通什么、怎么沟通，其结果都不会太理想，想要达成沟通目标更是一件非常困难的事，就像机器不打润滑油也能用，只是除了运作缓慢外，可能还伴有使人难受的摩擦声，其工作效率会大打折扣。

所谓的"一个眼神就懂"的组合都是经历过长期的磨合，

是建立在有共同语言和共同感受的基础之上，不是一蹴而就的。就拿机械设备为例，齿轮跟齿轮之间没有"润滑剂"是一件非常可怕的事情。人际沟通要想不掉链子，"润滑剂"就是必不可少的。从某种意义上讲，沟通效果好不好，要看你打的"润滑剂"够不够，还要看你用的"润滑剂"质量好不好。而"润滑剂"的质量则取决于人与人之间情感建立的深度，情感基础越好的，彼此接纳的程度也较高，沟通起来也就很轻松。

还有一个问题，在与妻子（或丈夫）、孩子或父母、交往多年的朋友、公司的左膀右臂沟通过程，还需要"润滑剂"吗？答案是：要看我们跟他/她的"情感账户"[4]是否还有足够的"存款"（注：情感账户是指人与人之间的安全感和信任度以及日常情感需求的满足度）。为什么这么讲，我们距离太近的人有时候会出现情感冲突和情绪矛盾，甚至是会爆发信任或情感危机，比如，意见不和的争吵，约定的事情没有履行等。所以对于亲近的人而言，我们的"情感账户"和我们银行账户有点像，具有"存"和"取"的现象，因而所呈现出来的关系，反而比那些长期不联系的挚友显得更脆弱（因为长期没联系，所以不存在"情感账户"的支出）。像青春期叛逆、夫妻闹离婚、员工想离职等都是因为"情感账户"透支到了极点，如果想要改善的话，这个时候就需要按照沟通的层次，从头再来，通过履行承诺和坦诚沟通向"情感账户"进行"存款"，不断的做到"敞开明亮"。同时也可以回答另一个问题：生活中我们到底是用"非暴力沟通"（这里指既理性又感性的沟通）还是用"暴力沟通"（这里指带情绪的沟通或指责）更好？答案是：一看沟通的目标是什么，二看情景适不适合，三看"情感账户"里面的"存款"够不够，至于选择用哪种"沟通"，反而显得没那么重要了，因为沟通有一个重要目的是信息被准确的传递和接收。只是在沟通中难免会出现超出对方承载范围的信息，一般有糖衣的"炮弹"要比无糖衣的"炮弹"更容易令人接受而已。

练习一：沟通有层级，学习沟通有先后，事先清楚自己的个性以及学习沟通的目的，是非常重要的一个环节：一是为后续的学习打下基础，树立一个学习沟通的目标和方向；二是清楚自己的位置，知道自己的优势和劣势，便于针对性的练习和调整。读者尝试着回答以下四个问题：我是谁？我来自哪里（什么地方、什么样的家庭/企业/团队/组织）？自己的性格特点是什么（用三个词形容）？学习沟通的原因是什么或想要解决关于自身沟通的什么问题（越具体越好）？

我是谁？_____

来自哪？_____

性格如何？_____

学习原因？_____

当然，造成我们沟通障碍的因素除了沟通的层级之外，还有一些其他的因素，比如：

角色与职责（例如，老板与员工、父母与孩子、男人与女人……），

利益与冲突（例如，买家与卖家、A国与B国……）

情绪与状态（例如，高兴、悲伤、激动、气愤、积极主动、消极被动……）

文化差异（例如，东方国家与西方国家、汉族与少数民族……）

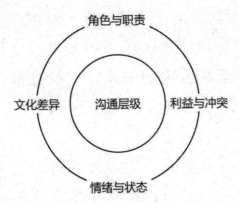

练习二：找三个你想要改善关系的沟通对象，比如，丈夫：我想要与张娜（妻子）改善教育孩子（因为夫妻长期因为教育孩子理念不合、发生冲突）方面的沟通。

我想与（谁/姓名）＿＿＿＿＿＿改善（哪方面）＿＿＿＿＿＿＿的沟通

我想与（谁/姓名）＿＿＿＿＿＿改善（哪方面）＿＿＿＿＿＿＿的沟通

我想与（谁/姓名）＿＿＿＿＿＿改善（哪方面）＿＿＿＿＿＿＿的沟通

既然沟通障碍这么容易出现，是不是就无法进行有效的沟通了呢？当然不是，不然也不会存在沟通差异了，即同样的事情或内容，A对C说和B对C说的效果完全不同。改善沟通我们需要从六个角度来思考，分别是：沟通技术、沟通思维、沟通礼仪、向下沟通、平级沟通和向上沟通。如果出现沟通失败，我们需要反思到底哪方面出了问题，是沟通方式的问题、还是沟通策略的问题、还是没有给予对方足够的尊重、还是在与不同的人沟通时千篇一律不懂得变通等。

正所谓"知己知彼，百战不殆"[9]，在探究如何改善沟通之前，我们先来了解沟通的五大基本组成要素：沟通者、沟通对象、沟通信息、沟通渠道以及文化背景[10]，每个要素都会对沟通的效果产生不同程度的影响。

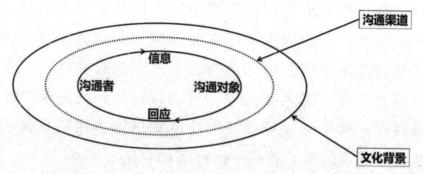

第一个要素是沟通者，我们作为沟通者需要深入思考三个重要的因素：第一，沟通的目的是什么？第二，沟通的方式是什么？第三，别人对我们的信任程度怎么样，愿不愿意听你讲？

第一，沟通的目的。我们在沟通前要思考的问题就是沟通的目的是什么？是信息的简单传递，即我获得了一个信息需要让大家知道，还是向领导做一个汇报，是去销售一款产品？或者是进行一次商务谈判？亦或者是去参加面试、参加投标，还是跟孩子沟通、下属沟通等。所以，在最开始就要弄清楚沟通目的是什么，沟通的对象是谁以及希望达成的结果是什么？这些需要我们重视，举个例子，我作为创业导师在2021年底参加了一次大学生创业大赛的赛前预演，给参加比赛的大学生们提供一些改善性的建议，以便于他们在大赛中有更好的呈现，预演的规则是：在15分钟的时间里，创业团队的负责人上台阐述他们的创业计划方案，然后由导师们提问并指出需要改进的地方。其中有一个团队做得特别的好，上台讲演的学生，在十分钟的陈述和五分钟的问答环节，表现得非常出色。上台之初就展示了一个非常完善的PPT（内容精炼、结构清晰），而且与他们之后要参赛的评价标准非常的契合，同时他讲话的重点非常突出，把他们项目的优势讲的很清晰，并且做了国际、国内对比，把他们所获得的专利，到目前为止已经被客户使用的情况，以及客户的反馈，给我们做了一个全面的展示，非常有说服力，同时在讲的过程当中，他特别注意和我们（老师们）之间的眼神互动，看一看我们是否在意、是否感兴趣、是否有疑问。他的整个表达过程表现得从容不迫。导师们一看就知道这个团队是做了充分的准备，而他的讲演就是一次有效的表达和沟通。

第二，沟通的方式。一般将其分为四种类型，即陈述、说服、征询以及参与。至于什么情况选用什么类型的沟通方式需要由三个标准来衡量：第一，我们是否掌握了足够的信息？第二，我们是否要征求对方的意见？第三，我们是否想控制这个信息？

如果一个人掌握的信息只有他自己知道，而其他人不知道。这种情况下，他就不需要或者很少征求别人的意见了，因为相较于其他人而言，他是属于少数掌握信息的人。举个例子，病人去医院看病，医生做出诊断后，特别是开药方的时候，是不会再征求病人的意见了，当然在做出诊断之前可能会做一些信息的收集，询问其有关疾病的情况，开写药方属于医生的专业领域，他没必要再问病人的意见了，相较于专业的医生，病人则是一个外行，医生只需要陈述其所开药品即可。但是，如果一个项目经理和一个下属去参加一项投标，需要下属提供一些专业的意见，以便于后续的沟通和对接，这种情况属于第四种沟通形式，即需要下属的参与其中。还有团队合作，需要集思广益，发挥每一个人的长处和优势，所以这时我们需要征询他人的建议。对于孩子的教育亦是如此，越小的孩子可能以告知为主，因为他懂的东西很少；随着年龄增加，我们跟他商量的部分就会越来越多，一是他懂的东西多了，二是有自己的想法了。最后是说服，而说服有四个等级，分别是：讯息、理解、说服和感动。

我们以卖打印机为例，来阐释这四点：

【讯息】

王经理您好，这是我们新出的打印机，速度很快，1 秒钟可打印 1 页纸。（印得快，关他什么事？）

【理解】

王经理您好，这是我们新出的打印机，速度很快，1 秒钟可打印 1 页纸，相当于印出 1 份 60 页的报告，只要 1 分钟。（他终于听得懂了！）

【说服】

王经理您好，这是我们新出的打印机，速度很快，1 秒钟可打印 1 页纸，相当于印出 1 份 60 页的报告，只要 1 分钟。可以大大提高我们办公室的工作效能，同时让公司上层可以快速看到信息，加速他们的决策判断。（他感觉到你为他着想了！他可能会购买。）

【感动】

王经理您好，这是我们新出的打印机，速度很快，1 秒钟可打印 1 页纸，相当于印出 1 份 60 页的报告，只要 1 分钟。可以大大提高我们办公室的工作效能，同时让公司上层可以快速看到信息，加速他们的决策判断。这样一来，您的绩效一定会有很大的提升，将来受到公司提拔的机会也一定会大大的增加。（这个时候他跟你买打印机的可能性变到了最大！因为你是在为他着想。）

第三，可信度。作为沟通者，在和他人沟通之前，首先思考两个问题：一是"对方了解你吗？"、二是"他相信你吗？"。如果对方不了解你，不相信你或对你是完全处于无知的状态，这种情况下对方很容易带着疑问或者疑惑与你进行沟通。举一个例子，之前我们团队去给某集团公司做培训，最开始的时候跟董事长谈的很好，因为大家都是熟人，前期谈合作也没遇到什么阻碍，后来到具体落实的时候遇到了人力资源主管，因为他是第一次见我们，很多情况并不了解，所以在整个沟通过程当中，一方面，从尊重的角度，他对我们很客气（一是他的职业素养、二是我是他老板的朋友），但另外一方面就提出了很多的疑问，比如，"三个月的咨询和培训能够给我们公司100多个中层带来什么样的改变？"、"以什么样的方式介入？"、"有没有测试？"以及"我们平时工作本来就很忙了，会不会给员工造成额外的负担？"等一系列的问题。通过这样的沟通就会发现，当对方对我们不够了解、不够信任的时候，他就会有很多的疑问。因而要想获取对方的信任，需要考虑这五个方面的问题：第一，自己的身份是什么？第二，我们的意愿有哪些？第三，自己的专长以及专业知识是什么？第四，我们的形象和声誉怎么样？第五，双方有没有共同的基础？如果我们之间有过一次合作，而且还合作的很愉快，双方都很满意，那么第二次的合作就会变得非常的顺利。

作为沟通者，在沟通中有四个基本的心理需求：第一被听到；第二被理解；第三被接受；第四沟通后能采取行动。当我们跟他人讲一件事情的时候，首先是希望对方认真的倾听，第二，对方能够理解我们所讲的内容；第三，期望对方能够接受我们的观点；第四，在接受之后，能够采取有效的行动。值得我们注意的是四个基本需求容易演变成情绪开关，设想一下我们计划沟通一件事，对方不想听、不理解、不愿意接受、也不想行动，我们会怎么样，在公司里可能会表示很无奈、很郁闷，在家里有些人则可能会大发雷霆。这时候就需要我们改变关注点、做出心态上的调整去关注沟通目标以及沟通对象而非个人想法和感受，进而改变沟通方向或沟通方式做到有效沟通。

　　第二个要素是沟通的对象。从听众的角度上来讲，我们需要从四个方面来考虑，即谁、他了解并期待的是什么、你和他的感觉如何、如何说服他们（他想要获取的利益点是什么、沟通的切入点在哪里）？

　　首先，需要考虑的问题是听众是谁？是你的下属、是客户、是家人还是其他的什么人？我们是在说服自己（自我沟通）、说服某个人（个人沟通）还是说服一群人（集体沟通）。自我沟通就是与自己对话，特别是在面临一些艰难选择的时候，是情绪重要还是目标重要，是自己面子重要还是沟通事情重要，是教育孩子重要还是发泄情绪重要等。个人沟通主要体现在一对一的沟通，这种形式便于建立情感账户和商讨具体的事务。而集体沟通的体现形式有会议、聚餐、演讲、集会等，主要目的包括达成共识、扩大影响力、发布信息等。

　　个人沟通和集体沟通又可归为与他人沟通，一般与他人沟通需要关注他们的年龄、身份背景以及感受，判断他们对今天讨论的主题的兴趣程度怎么样、对这次讨论的期待和准备度怎么样、是不是特别想参加今天的讨论以及参与讨论的意愿度怎么样？与此同时，还要关注他们现在的感觉和状态如何？有可能会出现一些人很想参与但状态不太好的情况，此时就需要沟通者做一些引导或暖场，像我作为咨询培训师，经常会给大学生或企业做培训，走进教室或会议室首先关注的就是学员的状态和准备度，先看看他们在不在状态、是不是特别想学习。一般我会在正式授课前花二十分之一到十分之一的时间不讲知识，而是用于暖场，使得学员与学员、学员与场地、学员与老师以及学员与知识有一个熟悉的过程，如果90分钟的培训大概会花10分钟左右的时间，如果是十天的培训会在第一天上午来做这件事，在这个时间段里想办法把大家的注意力，转移到课堂上来，提升大家的准备度。最后，就是如何来影响和说服沟通对象或者听众。比如，一些总统的演讲或销售的演讲，他们如果想要去说服对方，就要解决如何说服对方的问题，而说服对方的核心是什么？就是对方想要什么？他们的需求是什么？他们的关注点在哪？一个人被影响的关键因素就是当他（物质或精神方面）的需求被满足或者被激发的时候，他才会接受你的观点或者购买你的东西。

第三个要素是信息策略，所谓信息策略是我们的沟通信息如何进行有效的组织或结构化的呈现？信息的有效性和结构化包含了四个维度，即信息的结构、信息的组织、记忆的效果和内容的生动性（即讲故事）。先来看信息的结构，首先我们要明确的是：无论是对于演讲、授课还是沟通，开场很重要，因为人们在沟通的过程当中，开场时听众的注意力相对集中且容易被吸引，此时大家兴趣点最高，既然愿意与我们沟通或听我们演讲多少抱有一定的期待，所以一个好的开场，对一次沟通来讲就显得特别的重要。另外结尾也很关键，收尾收得好能起到画龙点睛的作用，当沟通临近结束时，需要回顾我们沟通目的是什么，归纳一下在本次沟通的时间段内我们达成了几项共识、接下来要做哪些跟进等。要让所有人都明确本次沟通的目的，以便最后促成行动。写文章要求我们要有开头、结尾和正文，沟通也是一样，有了一头一尾，接下来就看中间信息的组织，后面我们会在第二章里讲到结构化思维，在表达和沟通当中，信息内容要有一个结构化的呈现，这样容易让对方在他的大脑里面形成一个清晰的图像。每个人在沟通的时候，大脑里面都会形成一幅类似于地图的东西，比如做事的路径、故事的情节以及信息本身的结构，如何让对方也能拥有这样一张地图、如何把我们的地图复制到对方的大脑里边，对所要传递的信息进行结构化的组织是一种简单且行之有效的方式。信息的策略还需要考虑到"信息是否便于记忆"，特别是以协调行动为目的的沟通，除了需要让对方理解，还要使其能行动。在这种情况下，我们传递信息的过程中就要有一些亮点和重点，便于让对方能记住，实现快速有效的行动。所以在沟通前一定要考虑清楚我们想要传递的要点和重点，是希望对方能够记得住的或在未来很长一段时间不会遗忘的内容。最后就是讲故事，讲故事的目的是激发人们的情感，因为信息本身是枯燥的，如果沟通的整个时间段里面全都讲纯知识或纯信息，人们很快就会疲惫，所以我们要通过讲故事去激发人的情绪情感并使其参与其中，不论大人还是孩子，听故事比听纯知识要容易理解得多，故事也能够拉近人与人的距离、能够消除乏味，特别是在故事中讲到我们熟悉的人或熟悉的事，比如目前比较活跃的企业家、篮球明星、足球明星、某品牌手机等，有共同熟悉的事或人会拉近沟通双方的距离和情感，让彼此的关系更进一步。

第四个要素是渠道策略，我们在沟通中是采用纯文字的形式还是纯口头的形式？还是兼而有之？这三种形式在我们日常沟通中占据主导的地位。第一种是纯文字的沟通形式，我们会注意到有些人特别喜欢采用文字的形式，比如说发邮件或者发信息（比如微信、QQ等），这类人与喜欢口头交谈的人相比更愿意通过打字来进行交流，更有甚者，他的同事或家人就在旁边，可他依然选择打字来传递信息。我在一些企业也看到过类似的情况，两个人一扭头就可以进行口头交流，两句话就讲清楚的事，但他选择用文字去表达，我们知道文字表达会存在着一定的局限性，而且速度相对较慢，互动性也相对偏弱。第二种是口头的沟通形式，有些人特别喜欢口头表达，喜欢打电话或者发语音，不喜欢打字或书写。喜欢口头表达和喜欢文字表达是完全不同的两种性格类型的人，我们在与人沟通时要学会去分辨，采用与对方相适宜的沟通方式。现代管理学之父彼得·德鲁克曾讲过：一个经理如果要向上司去汇报工作，首先要了解这个上司，看他是听觉型的，还是视觉型的？所谓视觉型的人，就是喜欢自己看文字、阅读、看图像，期望以相对直观的方式来获取信息和做出判断的人。而听觉型的人，喜欢互动、喜欢用耳朵听，在沟通的过程当中，期望有感受、有情绪、有内容的起伏。对于一些简单的信息或通知、需要对方记住的某些关键点、便于对方重复查验和观看的信息等情况，我们选用文字表达会比较好，而且更容易达到目的。语音的特点是具有情感性，有语音语调的变化会让对方有真实的体验，但它的缺点是会受到时间和空间的限制，不太方便随时随地接听和回看。现在许多人会同时做很多件事情，多项任务同步进行，比如一个人正在会议室开会，如果他收到一份语音信息，是不方便接听的。但是如果改成发文字，他就可以一边开会一边看文字内容，所以我们在选择信息渠道时需要考虑怎样做才更有利于对方接受到信息。第三种形式就是混合式，很多具备高效沟通能力的领导者，他们会根据沟通对象的不同以及场景的不同，选择混合式的沟通方式。恰当的时候，用文字；而紧急的时候或者需要语音、需要情感的时候，他就会用语音。选择哪种形式来进行沟通，视情况而定的同时不能脱离沟通目的。

以上三种均属于沟通的表达形式，在日常的交流中还会涉及到倾听、阅读和写作。大多数时候人们习惯将表达排在第一位，最先思考的就是"我说什么"和"我怎么说"的问题，怎样表达、表达的好不好以及表达的得不得体，对于一个管理者、领导者、家长或其他社会角色而言，沟通的结果或效果会有非常大的差异。排在第二位的是倾听，曾经就有学员问过我："当领导者/家长/老公为什么还要特别关注倾听呢？"如果说表达属于信息的输出，那么倾听则是收集信息的一个重要环节，是针对沟通对象就沟通内容做出调整的重要依据。我们偶尔会遇到"人狠话不多"的角色，有时候会特别羡慕这样的人，因为不需要说太多的话就能把握住问题的核心并能给出明确的建议，那么他们是如何做到这一点的呢？其实一个高明的人在沟通的过程当中，会将大部分的时间都用于倾听。2021年我有幸参加了××公司一个很重要的会议，公司开了一整天的会，我也陪了他们一天，而会议的最重要的人物，也就是公司的"一把手"，在一天的八个小时的会议当中，有七个半小时，他都是在倾听，直到最后半个小时他才进行发言。因而他的发言十分的精辟，他能把前面七个半小时里20多位中高层管理人员讲的要点进行有效地归纳、汇总和提炼，并把它们做明确的分类，在做出总结的同时提出了建设性的意见，可以说见解独到且一针见血，而这位"一把手"在公司里面，一直都是内敛、精明和果断的形象。这就体现了倾听的重要性，倾听属于一种日常行为，因为耳朵24小时都处于"开机"或"待机"的状态，只是我们大脑会对听到的信息选择性的忽略和接收。苏格拉底曾说过："上天赐给每个人两只耳朵，一双眼睛，而只有一张嘴巴，就是要求人们多听多看，少说话。"第三位是写作，比如写总结、写报告、写邮件等，在我看来写作是一种很好的练习组织语言的形式，长期写作的人在表达时语言更精炼、结构更清晰而且传递的信息更容易被理解。最后一位是阅读，我们很多时候要看别人发来的邮件、微信、QQ信息或读书，阅读和写作相较于倾听和表达而言，及时性要差一些，它们的优势主要是体现在对人和事认识的深刻性上面，特别是一些慎重的决定、经验的总结以及研究的成果，需要通过写作和阅读来进行传递，所以阅读和写作也是一种不可替代的交流方式。

第五个要素是文化背景，比如说一个创新性组织（或公司）和一个模仿性组织[1]（或公司），它们的组织文化和团队氛围是不一样的。创新性组织要求的是快速简短、及时的沟通，也没有等级的要求，讲话也相对随意，这样方便信息的及时反馈和多种可能性的探讨。而模仿性组织是有明确的等级划分，对语言的组织在不同情况下有不同的要求，而且讲话要严谨，需要遵守一定的规则。对于家庭也是一样，传统性家庭和开放性家庭，对说话的要求也不相同。所以在不同的文化环境当中，沟通的方式都不太一样。我们还需要考虑沟通的时间，比如什么事情适合在早晨沟通、什么事情适合在下午沟通、什么事情适合在正式的会议室里沟通、什么事情适合在咖啡厅里沟通、什么事情在周一沟通比较好、什么事情在周五沟通比较好等，所以时间的选择也是一个特别的重要考虑因素。除此之外，我们还要关注非语言的沟通，有的人特别喜欢用纯语言来表达，还有的人喜欢在语言表达的同时用一些身体动作来辅助表达。西方人就特别擅长使用身体语言。而中国人相对比较传统，主要是通过文字或者是语言来表达，我们对表情、手势等身体语言应用的比较少。西方人就特别喜欢用表情、手势、身体语言以及来回走动的方式进行互动沟通和表达，偶尔还会拍拍对方的肩，或者做一些很亲密的动作等。如今在大城市的一些互联网公司里会看到很多年轻人也意识到要建立人和人之间的合作，就要建立一定的亲密关系，相互的信任合作需要充分的情感链接，所以身体语言就变得越来越重要，这跟现在全球化、需要高度协作及合作的时代特色密切相关。后面我会讲到身体语言对他人的影响力在某种程度上甚至比文字内容还要大。

一次沟通是由这五个基本要素共同组成，那么怎样才能判定一次沟通是有效的、无效的还是低效的呢？我们先来看看有效沟通的定义是什么？——是为了一个设定的"目标"把信息、思想和情感在个人或人群间传递，并达成理解一致的共同协议过程。

因此一次有效沟通是由三个部分组成的，即目标导向、深度链接、达成共识。我们要想实现有效的沟通，首先要求沟通者有明确的沟通目标，再有就是沟通者与沟通对象有足够的情感链接及意见交流，最后是达成一致的共识以及落实可执行的行动方案。

由此，我们可以提炼出检验沟通有效性的三个指标。首先是目标，当我们沟通不顺利的时候，需要检视自己在沟通前是否有明确的目标，在沟通过程中目标是否发生了改变或转移。其次是心态，我们在沟通前是否对自身的心态有所判断，是否考虑过什么样的心态有利于本次沟通，在沟通过程中心态是否有所转变，是朝不利于沟通的方向转变还是朝有利于沟通的方向转变，这些都会影响到沟通过程中与他人情感链接的深度和意见交流的充分度。最后是行动，沟通后双方有无相关的行动，沟通前是否拥有达成沟通目标的具体行动计划，在行动中是否遇到阻碍，以及遇到阻碍后自己做了哪些调整等。总之，我们可以从目标、心态、行动这三个维度，去检验自己本次沟通的有效性。

每一次的沟通，我们都要清楚准确地把握沟通的"因"、"道"和"术"，即我们是基于什么样的目的（例如，解决问题、布置任务、达成共识……）去进行沟通，准备用什么样的心态做怎么样的沟通以及沟通的路径是什么，为达成沟通目标具体的沟通方案是什么和采用的沟通技巧或方式是什么，这些问题是我们在沟通前需要思考和回答的。

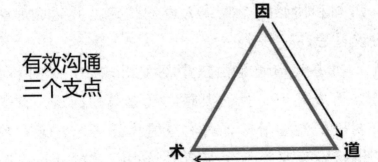

有效沟通
三个支点

当我们对这些问题有了清晰明确的答案时，算是做到了沟通中的"知己"，具备"自知之明"的沟通者不会轻易受到他人和环境的影响，所有的调整和改变一定是基于事实和目标。我们会在第二章中会为大家提供各种不同沟通工具和方法，将目标导向、深度链接、达成共识变成可落地实操的步骤，便于读者学习和实践。

作为领导者、经理或夫妻的一方想要引导团队或家庭成员共同完成一项或多项任务，就需要我们建立四个共同的基础：第一，认知要有共识；第二，情感要有共鸣；第三，行动要有共振；第四，结果要实现共赢。所谓共识就是理性上的认同，比如，就公司而言，对我们今年的目标、计划和策略，是否了解？对家庭也是一样，与父母、子女或另一半沟通时，你想传递的信息是什么，对方能理解吗？如果能理解、能接受，就建立了共识，这样我们就有共同的基础。第二点是共鸣，看双方在喜好或情感上是否一致，如果你的目标很好、计划也很好，我们有共识的基础，我也认可你的观点，但是我不喜欢你表达的方式，因为你表现得太强势了，或者你完全没有征求他人意见的意思，那么就不容易产生共鸣，双方在情感上无法达成一致。第三点是共振，当我们有了目标、有了计划、有了共同的想法和情感基础，也相互认同了，就要开始行动了。而行动是一个过程，一年从1月1日开始到12月31日结束，每一天我们都要去执行计划，去为达成目标而努力，在整个过程当中，有很多地方需要我们相互配合、乃至再次建立共识和协同、同时监控计划执行的进度以及情绪与冲突的管理等，而这些同样也需要大量的沟通。最后就是共赢，举个例子，到了年底，我们完成了目标，拿到了销售收入和利润，到了跟大家分钱的时候了，那么怎么分呢？

就这个问题，在某些时候，分钱的难度系数比挣钱的还要高，我有一些创业成功的朋友，在企业发展初期那几年经常会跟我讲："最头疼的就是年底分钱，什么牛鬼蛇神都冒出来了，都说自己比别人贡献大"。因为分钱就牵扯到公平的问题，虽然企业管理是有制度作为依据，平时公司钱不多的时候，大家都不太敏感。一旦牵扯到分钱，每个人的感受和想法就出来了，而且每个人的心理预期和他对自己的贡献度的判断是不一样的，比如一个助理给你买杯咖啡，如果是平时他可能会觉得这是自己的本职工作，如果上司因为这杯咖啡而谈成了一笔大单，他可能就不会简单的认为自己是助理了，有可能会认为自己是助攻了。如何合理的分配会牵扯到大量的沟通，有些人对钱感兴趣、有些人对名誉感兴趣、有些人对学习感兴趣、有些人对旅游感兴趣等，不同的人需求有所不同，如何平衡各方的需求是获取共赢的关键。所以我们要完成任务、达成目标或使命，就要让团队或家庭内部所有的人建立四个共同的基础，即共识、共鸣、共振和共赢。

沟通中存在"四共"，学习沟通一样存在着"四共"，因为教学是一个互动的过程，学员要想有最大的收获，需要导师和学员就改善沟通达成一系列共识，才能使学员明确改善沟通的方向以及掌握学习沟通的进度，也便于导师为学员提供有效的支持。因为我们的课程内容与纯理论类、纯话术类、纯工具类和纯心态类的课程有区别，如果非要对我们的课程进行分类的话，我觉得应该将其归于设计类。因为每个人都有自己的个性以及独特的思考和行为方式，所有的进步应该是建立在自己现有的特性基础之上，进而不断地完善和调整，期望我们的课程内容可以作为每位学员提升和改善沟通的资源，在学习沟通的过程中，协助大家明确改善沟通的方向，根据改善沟通的目标，去设计改善方案和行动计划；在学习沟通之后，可根据沟通目标，去设计沟通方案和沟通节奏。通过对课程的学习去打造属于自己的高效能沟通，而不是简单的复制，任何工具的使用都是有成立条件的，比如，锤子可以砸钉子却不可拧螺丝，拧螺丝的工具一定是改锥，除了遵守最基本的原则，每个人都可以在已有的特质的基础上，去搭建适合自己的高效沟通方式。

通常情况下，我们会将学习分为六个阶段：记忆、理解、应用、分析、评价和创造。其中，记忆、理解和应用主要是看一个人的信息接收能力，而分析、评价和创造则看的是一个人的创新和输出能力。所以对于沟通的学习，前三项属于量的积累，后三项属于质的飞跃。我们要通过对相关沟通工具的记忆、理解和实践（应用），在不断的复盘、检验和分析中，去发现自己原来的沟通模式以及可改善空间，从而针对不同情况做出相应的调整。

根据沟通学习的特性，将学习的六个阶段归纳整理成了学习沟通的四个阶段，也是学习沟通的四个基本目标，即了解、理解、应用和创造。了解是指通过学习了解沟通的基本逻辑、基础原理以及能够初步分析沟通不畅的具体原因。理解是指知道了沟通的基本方法，包括情绪处理、沟通技巧和沟通方式，以及它们的应用场景。应用是指懂得设计你的沟通，根据沟通目标设计沟通过程，合理的运用沟通策略，并不断的实践。而创造是指通过不断的学习和刻意练习对自己的沟通有了深刻的认识，最后从原先的沟通模式中蜕变出来，打造出属于自己新的、更高效能的沟通方式。

至此，我们可以就学习沟通形成一些共识了。如果想要达到"了解"程度，在课堂上只需要抱着膀子听就可以了；通过阅读本书进行学习的话，大致读个一两遍就可以了。如果想要达到"理解"的程度，在课堂上，对基础理论要熟悉，当我们讲到实用工具的部分需要记一下笔记并参与所有的练习；而读书的话，就要把全书浏览之后，先熟悉基础理论，再细读实用工具部分（第二章）。想要达到"应用"的程度，不论是上课还是看书都要参与实践，根据我们提供的各种工具（比如，心态管理、横向发问、纵向发问等）去打磨属于你自己的高效沟通。想要达到"创造"的程度，可能就不只是把课堂笔记或者书读几遍的问题了，而是把这本书当成类似于"字典"或"辞典"的工具书，除了不断的在"应用"层面下功夫，还要坚持复盘，定期看看自己可调整的空间，坚持一段时间，在大脑里形成了属于自己的"沟通地图"，打造出沟通新模型，并且能根据实际情况随机应变、适时调整，那么恭喜你，你已经"创造"出了自己特有的、高效能的沟通方式。

所以我邀请您在这里写下本次学习沟通的目标，是"了解"、"理解"、"应用"还是"创造"？

练习三：

我学习沟通的目标是：＿＿＿＿＿＿＿＿＿＿＿＿

＿＿＿＿＿＿＿

记住您的目标，在接下来的时间里，让我们共同实现它！

本节的作业是：找到自己在沟通上的三个亮点和一个可

以提升的空间。

沟通亮点：＿＿＿＿＿＿、＿＿＿＿＿＿和＿＿＿＿＿＿。

待提升点：＿＿＿＿＿＿。

第二节　从语言特性看沟通

我们先回顾一下，在日常生活中，哪些场景可能会出现沟通上的冲突？

夫妻生活：妻子对丈夫：今天出门不是说让你把垃圾处理了，怎么还在这？

工作协调：同事A对同事B：上午给你说的事怎么还没办啊？

子女教育：母亲对孩子：我给你说多少遍了写作业要坐直？

朋友交流：朋友A对朋友B：给你说了半天等于对牛弹琴！

隔代沟通：孩子母亲对孩子奶奶：让你别惯着孩子，这下惯出毛病了吧！

……

2020年我家楼下就遇到过这样一件事，小伙子高二了，备战高考，压力很大，每每回家跟他母亲诉苦——说一些诸如学校作业多、老师要求严此类的话题，母亲就会劝他：只要好好学习，将来才会有出路。到后来发展成母子间的情绪冲突，乃至最后小伙子回家都不跟母亲说话。因为知道我是做心理咨询的，所以母亲想让我劝劝小伙子。

经过我与孩子的沟通发现，这件事的根本原因是这位母亲不接纳孩子的负面情绪，孩子在学校学习压力大，回家吐槽几句发泄一下情绪，母亲却以为孩子不想学习，就一个劲地教育孩子'好好学习，不然将来没出路'，反而搞得孩子压力更大。孩子因为负面情绪不被母亲理解，自己也不知道如何调节，逐渐演变成了与母亲的对抗，两人的矛盾并没有随着时间而减少反而越发的激烈，最后孩子表现为在学校没心思学习、在家郁郁寡欢。所以，在我看来导致这一现象的根本原因是母子两人的沟通不在一个频道上，属于"鸡同鸭讲"的情况。我建议这位母亲多耐心听听孩子的声音，由于她意识到了问题的严重性，及时做出调整。过了一段时间，母子关系得到了缓和，孩子的学习也恢复如常。

需要我们明确的是：沟通能力作为人际交往的核心能力是用以缓和冲突以及解决矛盾的。当我们沟通不太顺利的时候，是选择放弃还是坚持沟通？放弃结果会怎么？如果选择坚持沟通，是坚持用原来的方式沟通还是为了沟通目标调整心态、调整方式？这些问题是我们在人际沟通过程中需要思考的。

随着时代的发展，现代社会已经进入了高频快速发展的时期，据统计我们现在一年的信息量，相当于中世纪人一生的信息量。伴随着生活节奏加快，忽略培养沟通、失去交谈的耐心成了家常便饭，"忙"替代了"陪伴与沟通"。在这样的情况下，需要我们结合时代特色，学习沟通方法、培养沟通技巧、提升沟通能力，建立人与人之间的情感链接。社会心理学认为人具有自然和社会双重属性，当物质丰富的时候，人与人之间的情感纽带不够牢靠的情况下，容易造成归属感和安全感的缺失，导致焦虑和抑郁情绪的产生。

　　我们平时在与人沟通的过程当中，有没有遇到这样一种现象——本来大家聊得很开心，突然某人说了某句话之后，在场人员都变得很尴尬，这种现象就是俗称的把"天"聊死了。这种现象体现了语言本身具有双面性，比如"良言一句三冬暖，恶语伤人六月寒"、"话不投机半句多"等经典语句都说明了这一点。

　　举个例子，之前我跟一位兄弟吃过晚饭后，就在附近一个商场闲逛，看到一个高档理发店，于是决定去体验一下。一开始是按着标准流程进行的，包括进门服务员向我们问好、询问需求、推荐理发师等，到了洗头环节来了个女服务员，就开始推销各种活动和会员卡，我的朋友就问了一句，她就直接开始要给我们办卡了，当时就把我朋友吓得赶忙阻止她。后来直到剪头发，该服务员就一直在我们身边做各种各样的推销。最后，出门的时候，我朋友说了一句："以后打死我都不会再来这家了，又贵感受又不好，还不如我家楼下的理发店，便宜而且说话让人感觉舒服"。

　　所以我们讲，说话是一门艺术，失败的语言可能会引起各种各样的问题。通过沟通交流，准确地传达信息，明确地表达自己和倾听他人的需求，能够有效地提高工作和生活效率。语言是沟通的桥梁，语言表达能力最能体现一个人的沟通能力。暖心的话语能够有效地化解矛盾、解决问题，让参与沟通的人都感到愉悦和满足。而不会说话的人，则会把事情弄得一团糟，最后不但问题没有解决，矛盾反而会进一步加深。人与人之间因为沟通，才产生了更多的可能性。提升语言的表达能力，能够帮你更好地表达自我，建立良好的人际关系。

　　怎么做才能有效地规避由于语言双面性造成的一系列的

问题呢？我们要从语言表达的特点来看，回想一下《红楼梦》中的林黛玉和《水浒传》里面的李逵，他们在说话的时候是不是给人的感觉完全不同，排除语言内容之外，他们的语气、语速和语调都是不一样的。比如，同样是想让一个人安静，一个小姐姐跟你打趣的说："不要烦我嘛"和一位职业女性黑着脸严肃的跟你说："安静一下"，你会产生什么样的体验和感受？

由于语言本身就不是一个特别精确的东西，要想我们在说话的时候表达本意、减少误会就需要我们从三个方面来规避：

首先，语气要和缓。在沟通时，用和缓的语气与人交流更有利于问题的解决。如果在沟通中语气生硬或者大吼大叫，只会让场面变得难以收拾，使得对话双方的矛盾加深。柔声细语拥有温暖人心的力量，往往比训斥更有说服力和感染力。我们与人沟通不是谁的声音大谁就是赢家，而是依靠自己的立场来展现语言的力量，学会用"和善而坚定，温柔而有边界"的方式与人进行沟通。

其次，礼貌待人。在与他人交往的过程中，保持应有的礼貌是最基本的沟通原则。我们在遇到熟人时，要主动问好；在接受他人的帮助时，要及时感谢；在不小心冒犯别人的时候，要主动说"对不起"。礼貌待人，能够让人与人之间的关系更加和睦、融洽。礼貌待人能够拉近人与人之间的距离，在举手投足间，展现自己良好的教养，用亲切温柔的人格魅力去结交更多的朋友。从而展现出"尊重是你的风度，道歉是你的高度"的气质。

最后，言简意赅。在与人进行沟通的时候，言简意赅地表达，能够让沟通更加快速、顺畅地进行。有的人习惯于在交流的时候说很多的话，但是在他的表达中却找不到重点，让人摸不着头脑。甚至有时候说得太多，反而会适得其反。在沟通中，与其长篇大论地说上几个小时，不如在几分钟内言简意赅地陈述自己的想法，表达自己的看法。这样才能让对方快速了解你的意图，从而达到沟通交流的最终目的。沟通效率是考量沟通能力的一个重要指标，言简意赅地表达自己的观点，能够节约沟通的时间成本。我们在沟通中要时刻用"言多必失、语言精练"来提醒自己，以便减少被误解的几率。

总之，具备沟通礼仪，即便是说错了话，也有可能有挽回的余地；否则，连机会都没有。

练习四：1、回想一下自己最近的一次沟通，不论是工作的还是生活的，从语气、礼貌和精炼三个维度来打一个分，最低分是1分，最高分是10分。

语气和缓_____、礼貌待人 _____、言简意赅_____。

2、给自己目前的生活状态打分，每一项总分是10分，从内到外一个格子表示1分，你给自己打几分就涂几个格子，相邻两个项目（比如健康和家庭）使用不同的颜色。

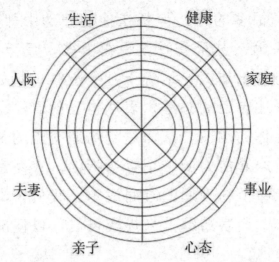

　　良好的沟通能力能够开辟人生捷径，更快速达成目标。做到这样的沟通就要有一个前提，即《道德经》里面讲的："知人者智，自知则明"[12]。只有当我们保持清醒的头脑，认清自己及处境，才会在遇到困境时审时度势，知道如何做出有效地调整和改善。透过这张表可以看出我们在沟通中的优势和劣势，日常生活中哪类沟通是你的弱势项、哪类沟通是你的强势项，同时也能发现我们沟通的平衡性、灵活性和稳定性。前面讲过有效沟通的对象包括：自己、他人和群体。人际、夫妻、亲子涉及的是与他人沟通的能力，体现的是在人际沟通和协调中我们处理上、下、平级关系的能力，比如不好意思开口、畏妻如虎、"神兽"难训等低分因素，说明在日常相处中没有站在平等对话的角度去处理这些关系。生活、健康和心态则侧重的是与自己的沟通，三者主要是看你关注的是外在还是内在，比如邻居太吵影响生活品质、食品添加剂太多导致减不了肥、别人总惹我生气等低分因素，多半是把关注点放在外部。家庭和事业则考察的是综合素质，包括了与自己、他人和团队的沟通协调能力，在沟通中是焦点向外还是焦点向内、是调整自己还是改变别人、是投降于目标还是服从于情绪等。

人在没有"自知之明"的情况下，与人沟通很容易陷入被动的境地，特别是与人谈判时最为明显。有个经典故事讲：有个人同时卖"矛"和"盾"，他给买"矛"的人说："我的矛无往不利可以刺穿天下所有的盾"，他又给买"盾"的人说："的盾天下无敌什么矛都刺不穿"，于是就有人问："如果拿你的矛刺你的盾结果会怎么样呢？"于是商人显得非常的尴尬，这就是典型的不清楚自己的状况，导致说话不严谨，很容易在沟通中被别人抓住把柄，进而演变成"以子之矛攻子之盾"的局面。

我记得有一部电影[13]讲的是几个人合伙做英语培训，里面有这样一个场景，外国的机构状告他们有侵权行为并要求很高的赔偿，最开始双方一直聚焦在侵权行为和赔偿高低上面相互较劲和争论，中场休息大家出去吃了个饭。回来后，该培训机构的负责人就直接承认侵权并点出了对方的需求——那就是版权方期望在中国的英语培训实现版权化和规范化，整个谈判的氛围就跟之前完全不同了，最后不但问题得到了解决，大家各取所需实现了共赢。

沟通能力强的人一般会有以下三个特点：

首先，遇到问题会直接进入沟通的状态，正视问题所在。也就是上述电影的情况，但在企业、家庭和人际交往中，直面问题是需要很大的勇气，许多人害怕冲突、担心矛盾升级，所以选择不面对，但有些事情随着时间的推移会继续发酵，往往变得越发不可收拾，最后还是会演变成不得不面对的场面。

其次，懂得换位思考，从他人角度看问题。打破沟通的僵局，一般都会出现在对方的需求之中，而了解对方的需求的前提是我们要做到有效倾听和换位思考。同时需要我们注意"替人着想"和"换位思考"的区别。"替人着想"只是借用了与对方相关的信息（从侧面或正面搜集的信息），仍然站在自己的角度看待问题、从自己的感受出发思考问题，比如孩子作业多父母觉得孩子不容易、营销部门人员结构复杂老板担心营销主管不能胜任等，"替古人担忧"指的就是这类思维方式。而"换位思考"，顾名思义：换个位置再考虑问题，就是站在对方的角度看待问题、从对方的感受出发思考问题，比如父母可以问孩子对作业多有什么看法、老板可以问主管就人员管理有什么想法或遇到了什么困难等。在练习"换位思考"初期，无法真正做到"换位"时，最好的方式就是通过询问对方感受和想法，去了解和印证对方看待问题的角度和思考问题的方式，从而协助我们切换视角，逐步实现"换位"。

最后，针对对方的顾虑，提出合乎情理的解决办法。如上述电影的后续，中国培训机构的负责人成功抓住了对方的弱点，即对方要求的赔偿额越高，外国的资本越能看到中国市场的巨大潜力，反而会让他们输了官司赢得投资。这就给国外机构保留了足够的思考空间，到底是为了这一点侵权费，而丧失合作的机会，丢掉中国市场呢？还是少收一点侵权费，然后授权给中国机构，未来赚取更大的、可持续的利益。

与沟通能力强的人形成鲜明对比的是沟通能力弱的人，这类人一般会有以下两个特点：

第一、面对问题不能正视问题，逃避问题。比如，我们求人帮忙。有些人会担心别人不会帮他，带着这样的想法，沟通时有意无意地回避问题，不深不浅地触碰问题的表面，甚至找理由避免去说服对方。又比如，找人帮忙而对方并没有按照要求去做，出现了一些列的问题，碍于情面不好意思开口，导致问题更加严重。有些问题迟早要面对，为什么要等到很严重的时候才去面对呢？遇到问题积极面对才是有效的方式，将问题处理在萌芽期永远比事态严重时再来处理容易得多。

第二、无法转换角色，从主观角度思考问题。在对方说出其顾虑之后，会误认为这代表着拒绝，觉得事情根本没有回旋的余地，从而产生消极情绪，甚至放弃说服行动。做销售的朋友经常会遇到这类问题，教育处于叛逆状态的孩子也是如此，容易让人产生无力感，其实处理异议是一次加深彼此链接的机会，处理的好坏决定了人际关系的发展方向。

练习五：给自己的沟通能力打分，如果沟通能力最弱的是1分，最强的是10分，你给自己打几分，顺便说说打这个分数的理由。

沟通能力：_____分，理由：_____

_____

此外，对沟通效果产生影响的还有沟通的动机。我们去逛超市，有些售货员会让你觉得很舒服，而有些售货员会让你觉得不太舒服，甚至有的售货员一开口你就是知道他想要干什么。因而给人感觉目的性太强的沟通会让人自动设防，但沟通本来就是结果导向，所以这里面就需要考虑到"度"的问题，在一定范围内沟通效果会随着动机增强而增加，当超过一定限度，动机越强效果越差。跟我们与人握手一样，你不用力对方感受不好，会觉得你不太自信或能力不够；你太用力对方感受也不好，会觉得你太强势了或好胜心太强；

最好的握手力度是对方出多少力你配合多少力，这样恰到好处，让对方感觉比较舒服或认为双方是对等的。

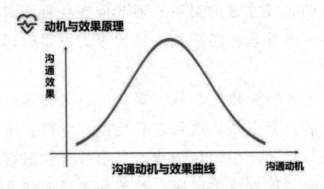

怎样把握合适的动机呢？这个不是我们自己说了算，而是要以对方的感受为判断基准，有三个指标会影响到他人对我们动机的评价，分别是目标、信心和情绪。

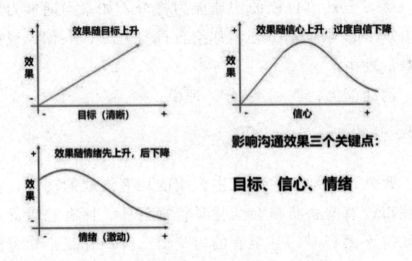

首先是目标，目标越清晰会让你的沟通效果越好。目标与目的不同，目的注重是结果，而目标注重的是通往结果的路径。目标清晰是指结果具象化的同时过程也要清晰，目的相对要模糊一些。比如，今天出门钓鱼，钓鱼是目的，钓什么鱼、钓几条鱼以及怎么钓鱼则是目标及计划关心的问题。所以沟通的目标越清晰，思考越全面，沟通过程就越有计划，沟通者心里就越有把握，懂得沟通的节奏，在沟通之初不会表现出强烈的意图，即不会试图马上说服对方。

其次是信心，在一定范围内，自信心越强沟通效果好，一旦出现自信心过强甚至演变成了"自以为是"，沟通效果就会变差。适度的自信在别人眼里会显得你很阳光，过度自信他人就会嗤之以鼻。

最后就是情绪。沟通当中绝对理性是不存在的，毕竟人脑跟电脑还是有所区别。适度的情绪有利于氛围的渲染，一旦到过余激情、手舞足蹈、语无伦次、唾沫横飞的情况，那就麻烦了，一般这种情况说出去的话也很容易成为被针对的对象（自我保护是人的本能反应，过度的情绪会激发他人的自保反应）。比如，夫妻两吵架，情感受伤的一方适度的愤怒是可以的，街坊邻居还有可能帮忙说一句公道话，可是一旦发展到弄得楼上楼下都不得安宁的地步，别人考虑的问题，恐怕就不是谁对谁错了，而是考虑如何让夫妻俩先安静下来，或者直接报警将两人弄到其它地方进行调解。沟通中对情绪的处理是有难度的，因为很多人的情绪很容易调动，却少有人能做到收放自如。

无论结果如何，沟通能力都不是一成不变的，需要通过学习和刻意练习才能有效提升。我们在练习和学习过程中，一定要注意三点：沟通自觉、敢于犯错和有效沟通。

首先，什么是沟通自觉呢？沟通自觉就是有明确的沟通目的，能够在沟通前和沟通中确定自己的沟通目标，并在沟通之前有针对性地做好内容准备、情绪准备和心态准备。然后，在交流的过程中，有条不紊地进行协商，最终达到自己的目的。在销售行业，一般来说，每个销售员在销售产品之前，都会进行充分的准备工作。树立沟通自觉意识对于有沟通目标的人来说是极其重要的。沟通自觉就像是航行的灯塔，不断的警醒你是否在航线上，加上航行目标，才能够准确、快速地到达目的地。

其次，什么是敢于犯错呢？有些朋友害怕犯错，当我们想要与别人进行沟通的时候，心中就会有一个名叫"胆怯"的怪物出现，特别是进入一个新的陌生环境，这样的心理反应很正常。想要把事情做好，但能力匹配度不够，所以说话时没底气、不自信。殊不知一开始就把事情做到尽善尽美，不论对于谁来说，都是具有挑战的。人非完人，孰能无过？学会接纳不完美的自己，然后大胆尝试，不断吸取经验教训，逐渐进步，这样才能完善自我，获得成功。在一部电影[14]中讲到某国王子起初就是一个不自信的人。因为生理缺陷——他患有严重的口吃，这让他无法正常地与人进行交流，以至于越来越自卑。在语言治疗师的帮助下，他成功地克服了自己的心理障碍，最终在公众面前发表了一场振奋人心的演讲。在公共场所进行表达的时候，我们因为害怕犯错，容易畏缩。然而正是一次次的犯错，才能暴露缺点，让我们在实践中完成自我认知，并且有针对性地加强训练，继而实现自我超越。

最后，什么是有效沟通呢？在与人交流时，表达不明确会导致倾听的一方不明所以，两人的沟通无法处在同一频道，很可能会导致沟通失败。在我们的日常生活中，因沟通双方对不上点而引起的误会是非常普遍的，所以将自己的意思明确地表达出来是我们急需掌握的基本沟通技巧之一。

我有一位做项目主管的朋友，有次跑来问我：为什么她的直接下属遇到问题不问她，反而跑去问别的主管。我也摸不着头脑，只能说："改天空了，去你公司看看！"不看不知道，一看吓一跳，因为我看到她的表现，让我想起了自己人缘最差的时期，即上高中时自己与同学相处的模式。她跟下属沟通，与我那时的表现如出一辙，由于我数学比较好，课间休息期间来向我求教数学题的同学特别多，面对向我求教的同学，凡是讲了两遍还不明白的人，我就拍桌子、瞪眼睛，顺便还说两句"你真笨！"之类的话。渐渐地向我请教的同学越来越少，最后有些同学宁愿问其他同学，也不愿意找我。当时我就是处于一种"沟通不自觉"的状态。我意识到了这一系列的现象，又不方便直接告知她。因为当一个人在"不自觉"的状态下时，直接告诉她的缺点，容易让其产生被指责的感觉。所以，我就找了个机会给她录了一段小视频，让她自己看看，并让其谈谈感受（注：在别人没有请教你帮其改善沟通时，不要用这种方式，会损害他人的自尊心）。

她所展现出来的，不但语气、语速和语调不在沟通状态，甚至包括眼神、姿势和表情都不在沟通的状态，所以别人也就不愿意跟她沟通了。

前面讲过语气、语速和语调，接下来看一下眼神、姿势和表情在沟通中的作用，首先是我们的眼神，俗话说：眼睛是心灵的窗户，别人看你眼睛就知道你是怎么看他的。我们投放肯定和尊重的眼神，对方自然也会跟你积极的互动。那么，怎么做才算积极的眼神呢？第一，目光亲切友善，感觉有点类似于看到自己喜欢的小动物或自家处于婴儿期的孩子，但不用一直盯着，特别是在中国，会让对方感到很不习惯、很不自在；第二，眼神随着对方语气和情绪发生相应的变化，在跟他人交流的过程中，眼神要随着对方的语气和情绪发生相应的变化。通过眼神的变化，表达自己的善意，拉近彼此之间的距离；第三，信任的眼神，眼神其实是一种无声而美好的语言，当我们无法用语言表达情感的时候，就可以让眼睛来"说话"。眼神可以表达肯定、愤怒、轻视等情绪，将各种各样的情绪外化。比如说，被误会时一个信任的眼神就能够让你瞬间感动。这就是眼神在人际交往中的作用。

其次是姿势，沟通过程中，特别是在正式一点的场合中，有三个动作尽量不要出现，分别是：跷二郎腿、双手抱胸和用手指着他人。跷二郎腿，当双方处在一个共同的谈话场景中时，跷二郎腿会在潜意识中透露出你的态度，这会给对方带来极大的压力。一般来说，跷二郎腿会让人觉得你在逃避问题。当你在沟通中做出这个动作时，对方就会认为对于你们正在商议的问题，你并不太认可或者并不感兴趣。那么，这个沟通就变得磕磕绊绊，甚至以失败收尾。我们该如何解决这个问题呢？其实很简单，如果实在想跷二郎腿，就要保证我们的身体是向对方倾斜的，这会让对方觉得你在专注地倾听。当然，最好是不跷二郎腿，这个姿势原本也不怎么雅观。双手抱胸，代表着自我保护、拒绝他人，说明我们想要为自己留出足够的空间，不想被其他人打扰。当这个动作出现在沟通过程中时，可能就会被对方默认为是拒绝的意思。所以，在沟通交流过程中，应尽量避免做出这个动作。用手指着他人，通常代表指责、怪罪等意思，其实这是一个带有攻击性的、非常没有礼貌的手势。有时候我们做这个手势可能并没有指责或攻击的意思，但即使你的本意是和善的，这也仍然是不礼貌的行为。所以在与人沟通交流的过程中，切忌用手指着他人。

最后是表情，在与人沟通的过程中，影响沟通结果的因素有很多，表情是其中很重要的一个。表情会暴露我们的态度，恰当的面部表情能够让沟通越来越深入，越来越融洽。面带微笑，是解决一切问题最好的、也是最简单的办法。但是，有时候我们难免会情绪失控，如果不能够及时地控制自己的表情，很容易引起不必要的误会，导致沟通彻底失败。表情能够体现一个人的喜怒哀乐，它能够让我们及时感受到对方的情绪变化，所以做好表情管理，能够提升自己在沟通中的魅力，使沟通变得轻松、高效。

总之，沟通的过程需要注意各种细节，魔鬼藏在细节之中，有时候小的差错会让我们付出高昂的代价。

练习六：对最近的一次失败的沟通做一个复盘，看看你犯了这一章当中的哪几条。

语气（　　　）、语速（　　　　）、语调（　　　　）

眼神（　　　）、姿势（　　　）

表情（　　　）、目标（　　　）、信心（　　　　）

情绪（　　　）、

积极面对（　　　）、换位思考（　　　　）

礼貌待人（　　　）、言简意赅（　　　）

落地解决方案（　　　）

本节的作业是：选三个人赞美，注意运用我们这章节的内容，比如眼神、姿势和表情

本章主要讲了一些有关沟通的基本概念和基本准则，相信大家对自己目前的沟通水平有了一个基本的判断，并为改善沟通做好了准备。

第二章　实用工具
——沟通过程的三个板块

　　沟通是一项日常活动，如果想追求一个好的沟通效果，就需要将之视为一项修炼。沟通跟短跑运动有很多类似的地方，比如，有限的时间、既定的目标和对身心的挑战等，我们先来看看一位短跑运动员需要做哪些工作？首先在跑步前做热身运动，一是肌肉准备，二是心态调整，做一个全面的准备有利于实力的发挥；然后利用助跑器将身体调整到最适合爆发的点，同时要看终点、看裁判和听枪声，这个时候最敏感，稍有不慎就会影响到比赛结果；然后枪声一响，全力冲刺，只需要朝着目标奋力前行。

　　如果我们将沟通力提升比作升级打怪的话，那么有三大关需要去突破，它们也是沟通的三重障碍，分别是：情绪情感、评估判断和自我中心。

　　在生活中，情绪和情感是最容易引起一个人的生理和心理反应。情绪是由最初的感知觉触发的，进而引发的一连串思想和情感的转变；情绪是人类思维和沟通的背景，它会渲染我们所思考的内容和表达的信息，从而左右我们的判断。如果你觉得某人是一个坏人，至此有关这人的一切思考都会受到这一感觉和认知的影响。你觉得某人是一个自私自利的人，从此你对他之后的表现多少都会有所猜疑。"心锚"或"首因"效应皆是如此。某些情况下，当两个人出现价值取向不一致的时候就会出现情绪反应，比如，父母教育孩子理念不同、公司管理层意见不合或者夫妻消费观念不同等。当两个人出现价值取向相近时就会出现情感共鸣，比如，共同的爱好、对同一件事相似的看法以及从同一视角看待同一个问题等。在日常闲聊的时候，这些都是作为人的正常反应，当我们去做以结果为导向的沟通时就需要注意这些情绪或情感反应会对我们产生怎样的影响，比如，商业谈判、市场营销、公司管理、部门合作、夫妻协作以及教育孩子等情况，我们要通过沟通去推动某些事情的进度或达成某项合作的时候，这就要看不同的情绪或情感反应是为沟通提供的是阻力还是助力。前面我们讲过适度的情绪有利于沟通的效果，过度的情绪会成为沟通的阻碍，原因之一就是情绪过激会让我们分不清到底是在"表达情绪"，还是在"情绪化表达"，以至于忘了沟通的初衷。还有一个原因就是无论是情绪还是情感，一旦自己"失控"（这里的失控是指自己被情绪或情感绑架）可能会成为对方跟你沟通的资本，比如，谈判时激起你的情绪使你做出不理智的决定、教育孩子少打游戏（孩子却说：你也打游戏，确实家长和孩子一起打过游戏）、销售产品时跟客户聊到了大家有同样的出身背景时被要求降价等。还有就是情绪一旦与认知结合形成评价，将会对自己的思想和人际关系造成长期的影响。所以针对情绪情感这一部分我们要学会自我调整，让其成为沟通的助力而不是阻力。

接下来就是评估判断，由于安全感是人的基本需求之一，所以在做事谈话时会习惯性将一件事先纳入自己的认知范围内再来进行处理。正如俗话说的：一朝被蛇咬十年怕井绳，形容的就是人的这一反应，比如在恋爱中情感上受伤很深的女性，就同一谈话内容而言，她对同龄男性的信任度会低得多；再比如当你认定某人要向你销售东西的时候，即便是对方只是想跟你交朋友，你也会有所揣测；还有一个不自信的人面临别人的肯定和夸赞时，会怀疑对方是不是在忽悠他。以前我们做演讲俱乐部时，就有这样一位宝妈，她经常挂在嘴边的话就是"我不太自信"，经过一段时间的培训，某一次她上台分享单亲妈妈带孩子的经历，把台下的女性都感动得哭了，可是当我们肯定她这次演讲很精彩的时候，她还是说："讲得不好，不够自信"。在信息不全面的情况下做出的评估判断，容易造成先入为主的观念，从而影响倾听的效果，不利于了解事情的真相。所以为了避免由评估判断引起的先入为主，我们应该学会将关注点放在对方身上先倾听再诊断、先全面了解再做出判断，不能偏听、偏信。

还有"以自我为中心"，这里讲的"以自我为中心"只是一种思维习惯，并无褒贬之分，因为人们从出生开始本来就是以自我为中心开始探索世界的。正如一千个人看《红楼梦》就有一千个林黛玉，曹雪芹明明描述的是同一个人为什么会给人造成完全不同的印象，他用绝代姿容、稀世俊美等词汇来形容林黛玉之美，虽然是同样的词汇，由于每个人会受到自身成长经历和学识以及时代背景等因素的影响，使得人们对同一事物的理解有可能天差地别，清朝人和现代人、高学历和低学历、见识多和见识少等原因造就了这样的差异。以自我为中心的思维方式容易演变成两种思维模式：一种是评断性思维，即喜欢从评估判断的角度思考问题，凡事都论一个好与坏、对与错，而不是思考如何做，这种思维方式如果再加上只看缺点不看优点、只看问题不看目标，具备这类特质的人基本上就是一个负能量中心，容易使周围的人倍感压抑；另一种则是刻板印象，即惯常思维，比如过马路时，中国人先看左边，而英国人则是先看右边，2015 年我在上海结识了一位英国朋友，来中国后对交通规则很不适应，因为习惯向右看而没有注意环境的改变，出了车祸，后来不得不回英国去了。如果是在与人沟通交流时，无法从动态和整体的角度看待事物就会阻碍我们对人、事、物的全面认识，从而影响判断的准确性。用"看山"来打比方，"以自我为中心"思考的人就是"他站的位置看到的那一侧山就代表了全部的山"，然而实际上真正的山是"横看成岭侧成峰。远近高低各不同"。突破自我中心最好的方式就是博闻多见，多听他人的意见（听同一人对不同事物的看法，听不同人对同一事物的意见）、多看他人的表现（看同一人在不同情境下的反应，看不同人在相同情境下的表现）。当然读书也是一种很好的方式，这里指全类目、广泛的阅读，而不是以自己喜好为基础的选择性阅读。

避免"以自我为中心"的习惯，还有一种方式就是参与团队协作，在目标一致的情况下，用你的见解与他人的意见去碰撞。各种意见碰撞的过程中，就可以让我们看到自己"世界"的边界，以"4 减 3 等于几"为例，认为"4-3=1"的人与认为"4-3=5"的人进行沟通时，刚开始会陷入到辩论之中，随着双方对自身观点的充分展示以及交流的深入，就会发现"4-3=1"是从数理逻辑的角度在思考问题，而"4-3=5"是从图形分解的角度在思考问题，这个时候原先以自我为中心的边界就会消融，新的边界就会形成，以后再有人跟我们讨论"4 减 3 等于几"的问题时，我们就可以从数理逻辑和图形分解两个角度来思考问题。如果还有人提出：如何让"4-3

=2"这个等式成立，我们又可以增加一个新的思考问题的角度。在团队当中经常会遇到这样的情况，大家对同一个项目意见不合，创造性思维就是在这种碰撞中诞生的。

我们将团队沟通分为三个层次：互相提防、互相尊重和协作共赢。在对彼此和环境不够了解的情况下，由于安全感不够、信任度很低，各自都想守住自己的"一亩三分地"，也不敢把"后背"交给对方，意见多以自我为中心（以自己对事物的看法为主），这个阶段更多的是价值观的碰撞和试探。第二个阶段，大家对彼此有了一定的了解，对环境也熟悉了，可以适当的发表一些言论，相互之间不一定会遵从对方的想法，起码会尊重对方的意见和建议，开始换位思考或站在相对客观的角度看问题，会试探性的将"后背"托付给对方。第三个阶段，大家都清楚对方"几斤几两"了，也是知道："什么事该交给他，什么事不该交给他"，能看到彼此合作的点，更多的会站在客观、中立的角度看待事物（以事物的特性为出发点来思考），能够将"后背"交予对方，全力为同一个目标努力。所以如果想要锻炼一个人格局把他放在团队中作为负责人去磨砺一番。

一般来讲，沟通的流程有准备、创造氛围、信息交换、达成一致和落实行动五个阶段。通过与短跑做类比，在这里将整个沟通过程简化为三个板块，即：预热期沟通准备、敏感期深度链接和处理期共识行动。

第一节　预热期沟通准备

作为沟通者我们需要做哪些准备工作？一般来讲，在沟通中有两项工作需要提前准备：一是沟通内容，二是自身状态。比如，面试、谈判、销售、管理、教育、教学等场景都需要我们做一些准备工作，包括要跟对方沟通些什么以及用什么样的状态与对方沟通，从而保障沟通目标的达成。

内容准备主要是看我们的思维方式，一次成功的沟通，背后是有一个非常清晰的思维逻辑，语无伦次、主次不明的表达是很难将信息准确地专递给对方的，沟通对象也很难理解你所讲的内容。这里给大家推荐麦肯锡公司（世界上顶尖的咨询公司）用到的一种思维方式，即结构化思维[15]，讲的是我们如何在沟通中有效地呈现内容。因为该公司咨询业务非常的广泛，其各级咨询人员，每天都在和企业的高管进行沟通，包括访谈、收集信息以及做PPT和演示，所以有效的沟通是一名咨询人员必须具备的基本素质。同样，只要一个人还要通过人际关系去处理事务或解决问题，就离不开沟通。

用一个例子来说明结构化思维，比如说，你是某公司营销部门的主管，到了年底，你特别想把一位名叫"王武"的下属推荐为公司的优秀员工，因为他今年表现特别好符合被推荐的要求。这时，需要帮他写一个优秀事迹的报告，推荐给人力资源部或者公司的高管，那么这个报告或者推荐书应该怎么写呢？

接下来，我们用结构化思维来做一个梳理。首先，我们把题目定为：《王武是一个好员工》或《我们部门推荐王武做集团公司的优秀员工》。在开始的时候，我们就要有明确的主题，即你的目标是展示王武是个好员工。接下来，我们要分一级思想、二级思想、三级思想来支撑前面的观点，阐释为什么王武应该被评为集团的优秀员工。

第一级思想，我们从三个方面来论证，王武为什么应该被评为今年集团的优秀员工。第一点，工作态度好，他非常的敬业爱岗；第二点，他的业绩非常的突出；第三点，他的专业技能非常的精湛，这三条如果都站得住脚的话，无疑王武就应该评为集团的优秀员工了。

接下来我们用二级思想和三级思想来支撑上面三个论点：

第一，他的工作态度非常好，具体体现在哪里呢？我们可以从两个大的方面来讲：一是敬业爱岗，具体体现在什么地方呢？在一年当中，他的加班天数超过了一半，即一年52周有104天的休息，他有一半的时间都在加班，比如出差、完成工作任务、满足客户要求等。二是他加班还无怨无悔、从不抱怨，并且善于鼓励同事、团结同事，鼓励大家一起去完成任务、去满足客户的需求，在这过程当中，他并不是独干、单行，而是跟大家打成一片，激发大家团结，一起去做好产品、去满足客户的需求，让所有人都参与进来，共同的去创造业绩，共同来分享利益，这就充分说明他的态度端正，符合我们公司的价值观，即以客户为中心、团结合作、追求卓越和创新，他的这些表现就是我们公司价值观的体现。

第二，王武业绩十分突出，一是他的业绩在我们销售部门排在第一位，他的业绩和去年相比增长了90%，而其他员工平均只增长了23.7%。二是我们和竞争对手比较，竞争对手的平均只增长了8%，而我们部门平均增长了25%。原因就是我们有一批像王武这样的骨干，身先士卒、有创造性的去开展工作，他们勤勤恳恳、加班加点。最后，让我们公司的业绩有了一个大的突破。

第三，他的工作能力很强、专业能力非常的突出，主要体现在两个方面：一是客户的各种需求和问题，他都能够以最快的速度、最好的方法去满足、去解决，这充分体现了他高超的销售能力、整合资源的能力、解决问题的能力。二是客户的满意度很高、评价好，在一年当中我们部门收到了几十封客户的表扬信，对他的工作态度、工作效率、工作效果以及客户服务等进行了高度的肯定。

因而我们从这三个大的方面总结下来，认为王武就是一个优秀的员工，他的工作态度好、业绩突出、人际关系和谐、工作能力强，非常符合一个优秀员工的标准。通过对这些信息和内容进行结构化的梳理、整理及组织，我们报到集团公司，由于整个报告应用了结构化的思维，公司高管看着轻松、理解容易。我们在说服他人、购买东西、输出观点或教育教学的时候，也可以采用类似的思维方式。当我们希望对方能够接受自己的观点时，要考虑怎么样才能够让对方更容易接收到我们的信息？首先要阐明这个观点有几个价值或几个优势，分别是什么？然后，每一个的价值或优势都有些什么证据？这样分层逐步的阐释才能够让沟通对象方便获取信息并且容易接受。

练习七：

1、上一章结束的时候让大家选三个人赞美，为方便练习，选一个人来赞美，使用结构化思维，有理、有据、有力的赞美。比如，赞美女士的衣服合身，可以从款式和颜色等角度进行赞美，比如说："你今天穿这身衣服把你显得特别的苗条，颜色也很鲜明，让人很远就能看到你，感觉像是茫茫人海的一朵美丽的玫瑰！"

2、就王武的例子，根据本书提供的内容，按照以下结构进行拆解。

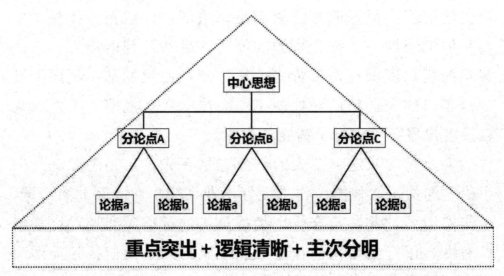

根据心理学研究，人际沟通中发挥作用的部分包括：文字内容占7%、语音语调占38%、身体语言占55%。[10]我们用一组对比情境来理解以上百分比的意义，当我们很严肃的站着一动不动的对人说："您好！"，和面带微笑、语气温和加上挥手（或握手）注目（看着对方的眼睛）的对人说："您好！"，相信很多人不用真的去验证这两种方式的不同，就知道哪一种方式会给人带来更亲和的感觉。所以在做沟通内容准备的同时也要关注如何透过语音语调和身体语言的协调来达成更有效（或高效）的沟通信息传递，而一个人的状态会或多或少的影响到非语言行为和语言的协调性，比如，一个紧张的人会表现为肌肉绷紧和喉咙干涩，此时说话与平时相比较，就会显得束手束脚、声音尖锐、语速偏快；而一个放松的人，就会显得身心平静而自在、声音和缓而有力、语速快慢有度。还有，一个愤怒的人和一个喜悦的人，摆出微笑的动作，谁会显得更自然？

接下来，我们就一起来探讨如何调整自己的沟通状态？很大程度上，沟通状态是由认知、心态和情绪共同来决定的。

首先，对沟通的认知调整。

这里有一道题，读者不妨先思考回答一下：

在沟通中，你觉得自己被他人误解的几率有多大？

A、时刻发生（100%）

B、经常发生（80%）

C、偶尔发生（50%）

D、很少发生（20%）

E、几乎不发生（0%）

无论选哪一个答案，先保留你的意见，我们一起来揭开谜底。看到以下这幅图，你有什么感受或感想？觉得哪幅图更容易让你到达目的地？

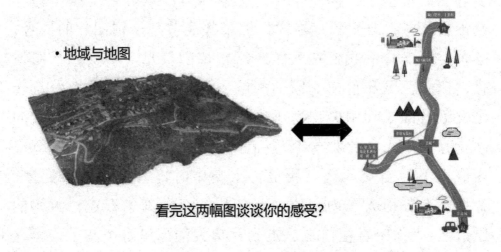

· 地域与地图

看完这两幅图谈谈你的感受？

在我的课堂上很多人都会选右边那幅图，因为看起来简单清楚、一目了然，就图像而言我们可以做出这样明确的选择。其实我们每个人在沟通的时候脑子里都会有一幅类似于左边的图像，对事物有一个完整的认知，但为了便于快速的传递信息（或交换信息），我们学会了简化和压缩内容，每个人在沟通的时候都会尝试去绘制一副类似于右边图像的简单信息来让沟通对象理解和还原。打个比方，一位朋友从成都到绵阳来，你问他：怎么来的，他回答：坐动车来的，我们一听就明白了。但实际上，他的过程可能比这复杂得多，他有可能昨晚才买的车票或者更早，早上几点起床，都做了些什么，怎么到的火车站，几点钟的车票，几点到绵阳，又去过哪，在哪吃饭，来的时候遇到过什么事情等。这只是一个简单的例子，如果遇到更复杂的事情呢？比如，项目推进、企业管理、孩子教育、夫妻情感等，我们大脑里面的那幅图就更复杂了，但每个人都想把脑子里那幅图进行简化复制给更多的人，再让这些人把图还原成本来的样子，以便于让一些复杂的机制（比如，企业、家庭或其他组织）高效的运转，让工作生活更轻松、高效。如果我们的大脑都像电脑一样，事情就简单多了，同一个照片无论传多少次、传多少个储存设备，只要不改变图片格式，结果都能清楚辨别图片的内容。但人类不一样，我们在表达时所精炼的信息，会受到情绪情感、认知范围和价值判断的影响，导致我们在把脑内信息转化成语言的过程中会出现不同程度的误差，与其自身真实的体验有所出入，比如一个爱面子的人当众摔了一跤，就算很疼他也不会当众承认。我记得上高中时，有一次放学回家，看见一个外地人在向一位大妈打听：纪念碑怎么走，大妈的原话是："你一直往前走，走到百货大楼那里有个巷子，再往前走，看到有一排卖鞋的门面，你就往右走，一直走就到了。"当时，我就看着那个外地人一脸茫然的在原地站了几秒，然后很礼貌的跟大妈说了声谢谢。再走了几步就遇到我，问了我同样的问题，我就换了一种方式告诉他："沿着这条路直走，遇到第二个红绿灯向左转，再直走，走到有五个路口的地方，选你右手边第二个路口向右转直走500米就到了"，他会心的一笑，跟我道谢后，径直朝着我指的那条路走去。我们在描绘"地图"[32]的时候，因为个体表达能力的差异导致"地图"的精确度参差不齐。

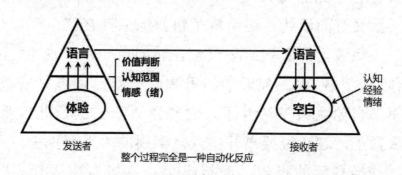

•沟通信息是如何传递和转化的？探寻沟通信息的转化方式

我们把经历或体验转化成语言会出现一次误差，那听话的人对语言的接受和转化过程是不是也会出现误差呢？答案是肯定的，读"图"人的视角会影响其对"地图"的理解，同样的话不同人听出来的"味道"是不一样的，比如"你真棒！"这句话，一个自卑和一个自信的人听出来的意思可能完全不同，因为听话的人也会受到他自身的情绪、经验和认知的影响。故事《驴是怎么死的》[1]充分表明了这一点：

驴耕田回来，躺在栏里，疲惫不堪地喘着粗气，狗跑过来看它。

"唉，老朋友，我实在太累了。"驴诉着苦，"明天，我真想歇一天。"

狗告别后，在墙角遇到了猫。狗说："伙计，我刚才去看了驴，这位大哥实在太累了，它说想歇一天。也难怪，主人给它的活儿太多太重了。"

猫转身对羊说："驴抱怨主人给它的活儿太多太重，它想歇一天，明天不干活儿了。"

羊对鸡说："驴不想给主人干活儿了，它抱怨给它的活儿太多太重。唉，也不知道别的主人对自己的驴是不是好一点儿。"

鸡对猪说："驴不准备给主人干活儿了，它想去别的主人家看看。也真是，主人对驴一点儿也不心疼，让它干那么多又重又脏的活儿，还用鞭子粗暴地抽打它。"

晚饭前，主妇给猪喂食，猪向前一步，说："主妇，我向你反映一件事。最近驴的思想有问题，你得好好教育它。它不愿再给主人干活儿了，它嫌主人给它的活儿太重太多太脏太累了。它还说要离开主人，到别的主人那里去。"

得到猪的报告，晚饭桌上，主妇对主人说，"驴想背叛你，它想换一个主人。背叛是不可饶恕的，你准备怎么处置它？"

"对待背叛者，杀无赦！"主人咬牙切齿地说道。

可怜，一头勤劳而实在的驴，就这样被传言"杀"死了。

我们要清楚由于人脑有这样一个机制，导致我们在简化信息为提高沟通效率而努力的同时误解率也会跟着提高，这也是为什么许多企业和家庭一定要构建一个共同的文化体系的原因，在精简语言的同时保证对方能准确有效的解读，由于大家使用同一套翻译系统，传达出错和被误解的概率会大大的降低，因而一个企业、家庭或组织沟通不畅跟他们的组织文化建设不到位有很大关系。作为沟通者要知道被误解是常常发生的事情。当我们被误解的时候，要冷静和及时改变沟通方式澄清误解；当我们对某事有质疑的时候，要及时与当事人沟通，找到问题的核心，共同协商解决。任何情绪化的反应，如指责、批判等，无益于问题的解决，特别是与人相处过程中出现的情绪，当情绪出现的时候说明有些事情需要得到澄清，比如某人说话做事让你很生气，这时需要我们弄清楚，自己生气的具体原因是什么，到底是他事没做好、他表现不好还是我的需要，然后进行有效沟通。如果是我们让别人生气，则需要反过来思考，即我事没做好、我表现不好还是他的需要，然后拿出态度真诚沟通，提出解决方案并认真落实。

认知对沟通的影响还体现在思想脚本[16]，如果说情绪情感是人思考和沟通的背景的话，那么脚本就是思考和沟通的基础代码或基本导向。举个例子，以前做读书分享会的时候，我总是担心自己没有准备好。在上讲台之前的几分钟里还会反复检查PPT，还没开讲人就特别的紧张。一旦开讲之后，整个流程没有出错还好，如果稍有差错便会更加紧张，严重时会变得语无伦次，所有美好的演绎都变成了枯燥乏味地讲解。我从准备到分享都受到一个思维脚本的影响，即"搞砸了就完了"。这个脚本很长一段时间成为了我的迷信，弄得我焦头烂额，有一段时间甚至都不敢上台讲话，那时有一哥们儿很信任我的说："兄弟，不急，你什么时候准备好，我们什么时候听你的分享"。我清楚的记得那次的分享自己整整准备了一个月，后来实在拖不下去了，就硬着头皮去讲。当时听众的反馈还是很不错的，这件事让我学会了两样东西，一是准备的再充分也会有很多出乎意料的事情发生（当时做分享时，现场提问环节，我认为会提的问题没有被提出来，反而是我意料之外的问题被提了出来），二是让我意识到这个脚本，既浪费了时间又影响我上课的状态，于是我的思想做了个调整：这个世界谁都不敢保证自己百分百的准备好了，与其担心讲不好，不如看看听众需要什么。

就上讲台这件事，有位朋友就跟我完全不同，最初的时候，在我看来她连表达都成问题，没有逻辑可言、吐词也不清楚，但她一直认为：自己表现得很好，每次结束后都会看到自己亮点以及清楚自己需要做出调整的地方。与我相比少了些心理障碍，因而她的讲演水平进步非常的快。

当对某件事情持有唯一想法时，它极有可能已成为了我们的思想脚本，对此要时刻保持警觉，警觉它将我们的思想带去了何方？是积极主动、消极被动、评估判断还是解决问题等思考方向。根据家庭问题专家维吉尼亚·赛特尔做过一项"愚蠢的研究"之后发现，根据洗碗的人和使用的清洁工具不同，洗碗的方法可以有250种以上[17]。如果我们固执地认为只有"一种方法"或"一种观点"，就会封闭自己生命大半的可能性。

总之，如果我们发现自己沟通总是不尽人意，就一定要看看自己是否存在着影响沟通的脚本，比如，"我不擅长沟通"、"我就是一个情绪化的人"、"是他不想沟通"、"如果沟通失败就再也没机会了"等，要及时的做出调整，多从正向思考，多做肯定假设，设置积极的脚本，比如，"这一次我已经做得很好了，做出某些调整下次会更好"、"我要学会管理好自己的情绪"、"与人沟通我要表现出真诚的态度"、"这次不成功的原因是什么，下次沟通我要做哪方面的调整"等。

其次，沟通前和沟通中心态的调整。

一般情况下，一个人沟通的最佳状态就是心平气和、自我接纳和适度自信。在沟通中，过度自信是不可取得，但如果稍显自卑就会让你丧失跟人平等对话的机会。一般我们将适度的自信分成了三个等级，分别用不同的动物来表示，即河豚、蜜獾和狮子。首先是河豚，当河豚遇到比他厉害的对手时，就会把自己吹胀以便于吓唬对手，所以我们可以从衣着打扮上着手，再练习一下微笑，展现出你自信的样子。然后是蜜獾，蜜獾又称"平头哥"，他的特色是"不服就干"，跟谁都能打架，也没怕过谁，所以我们可以适当的发挥一下"迷之自信"，表现出一股"不服输"的气势。最后是狮子，狮子属于群居动物，而且在不打猎的时候显得比较温和，即便如此也动摇不了他的王者地位，这个层次的自信透露出的是淡定从容。

每个人的经历不同，内心的对话也不尽相同，导致自信的程度也有所不同。与人沟通透露出适当的自信，容易获取对方的信任，进而愿意跟我们交谈、与我们合作。因而需要我们在沟通前和沟通中对心态做出一些调整，在这里推荐三种心态调整的方式：行为反馈法、观点调整法和心理暗示法。

什么是行为反馈法？心理学家研究发现，当一个人的行为产生改变时，思想多少也会受到影响。曾经有位科学家为了研究行为与思想的关系做了个实验，一般情况下，当我们听到笑话的时候，有些人会笑、有些人则不会笑，这位科学家反其道而行之，他让一位喜剧演员不讲笑话，上台只做一件事，只是笑，最开始台下观众不明所以，可是随着时间的推移，慢慢的有人开始笑了，过了一会儿，几乎所有的人都笑了，随后对这些观众进行采访，问他们为什么笑，给出的答案五花八门："不知道怎么就笑了"、"我觉得他很搞笑"、"我突然想起了一件搞笑的事情"、"我看到他们笑所以我也笑了"等。所以，当我们不知道如何才能自信的时候，我们可以先装出自信的样子。当然我们要清楚自信可以装，但一定要有个度，装得太假和装得过度，会适得其反。

　　什么是观点调整法？我们先来看一下，什么是"观点"，观点是指一个人对某件事物或人物的认识程度和他自己的分析结论。一般情况下，这些"观点"对我们影响不太明显，也不会影响我们日常生活，但是某些固定的"观点"有时会影响我们为人处世的心态。比如，某人认为自己能力不行、容易紧张、记忆力不好、不擅长沟通或者脾气很差等，我们会发现诸如此类的"观点"会在我们演讲、考试、销售、管理或人际交往中造成不同程度的障碍，影响沟通的正常发挥，从而导致我们错失良机。曾经有位学员这样跟我说："老师，我记忆力不好是真的呀，无数次的考试都验证了这一事实，我的记忆力就是比其他人差！"我的回答是："按照你的逻辑是对的，'记忆力不好'确实得到了多次验证。同时邀请你思考一下，你是在证明自己记忆力不好，还是在为提高记忆力付诸努力？比如，花精力去研究一下怎么让自己提升记忆效果或做些什么让自己记得更快、更牢？"我们都知道一档电视节目专门把那些记忆力好和计算能力强的人放一起PK，其中有一位选手记忆力很厉害，上千个数字几十秒就记住了，据我所知他展现出来的超强记忆是在大学生涯里夜以继日的训练记忆方法的结果，别人玩的时候、睡懒觉的时候、谈恋爱的时候他都在训练。我上大学的时候也学过一些记忆方法，很多人都认为记忆是天生的或者跟年龄有关，实际上，通过现代心理学和人类脑科学的研究发现：一个正常人单位时间里能记住的东西只有5±2单元，基因和年龄会有一定的影响，但这种差异对于懂得记忆方法的人来讲就显得微乎其微。某次，我看到一篇新闻报道讲一位70岁老人具有过目不忘的能力，很多人持怀疑态度，其实我身边就有这样一个例子，我家二伯就属于那种很多文字看两眼就能记住的类型，在一次偶然的交流中，才得知他老人家喜欢将需要记住的东西编成歌诀或诗句来实现快速记忆。研究发现，真正决定我们记忆快慢和牢靠程度的是我们良好的习惯、高度的注意力以及合适的方法。这个道理同样适用于那些受固定"观点"束缚的人，有可能你需要改变的不仅仅是行为或方法，还要调整对人和事的看法或思考方式。

有些朋友花了很多精力去证明自己沟通不行，如果想要改善沟通和人际关系，就需要我们花些精力去思考：如何提升自己的沟通力，了解什么是沟通、沟通的结构是什么，怎样才能改善沟通。然后不断的刻意练习，达到你想要的沟通效果。很多时候，我们的目标和思维方式以及行动模式是脱钩的，拿减肥这件事来举例，许多人目标是减肥，然后就开始一边"减"一边"肥"，经过多次努力没有成功，然后总结一句："我就是肥胖体质"。如果真想"减肥"的话，思路就需要做出调整，不是去证明自己"减不了肥"，而是思考如何才能"瘦身"，而不是一直在"减"和"肥"上面下功夫。总之，我们要知道收集各种素材证明一个观点和从各个角度思索如何做一件事的思路是完全不同的，我们是真的在寻找事实，还是在为自己脑子里形成的观点积累证据？是致力于评价他人，还是致力于如何行事，就决定了我们跟目标的关系是渐行渐远、还是越走越近。

为了沟通的有效进行，有时需要我们对"观点"做出规避或调整，而前提是先要了解观点是如何产生的？一种是通过学习，还有一种是经验总结。"观点"是如何通过学习获得的，就拿"记忆力不好"来举例，在小学二年级时，坐我旁边的同学，用一个星期就背完了乘法口诀，开家长会的时，他的家长还说他各种不行。我花一个月都没有记住乘法口诀，家里也没人说我记忆力不好。到后来五年级的时候，老师要求：谁背下了课文才能放学回家，我读三遍就记住了，而那位同学却花了很长时间才通关，这里面的缘由耐人寻味。有些观点是别人重复告知，而又在某些情况下得到验证后被你潜移默化的，比如，有人告诉你上台讲话紧张是正常的，当经历过一次演讲紧张后，你就印证了这一"事实"，大家有没有观察过幼儿在大庭广众之下扭屁股的情景，很多双眼睛看着，他会不会表现得很紧张？所以紧张并不完全是人的本能，确有来自于遗传或传承的因素，更直接的原因是自己心有旁骛、患得患失。那么我们是如何通过经验总结来产生"观点"的呢？以前有对夫妻找我做咨询，核心问题是妻子自结婚以来从不做饭，经过询问才知道妻子每次进厨房就有莫名的紧张感，也不知道原因，只能对女方进行催眠回忆，原来她小时候调皮在厨房玩，把碗和盘子打碎了，被母亲狠狠的揍过一顿，产生了心理阴影，进而有了"进厨房要挨打"的想法，随着长大事件本身逐渐被遗忘了，但形成的"观点"及相关情绪一直持续影响着她。这些事情也会发生在成年人身上，会因为自身情绪情感、认知范围和价值判断形成一些观点，比如，一些企业高管认为"90后不好管"、父母认为"现在的孩子不好教"、"某人总是迟到"、"某人总是不按规矩来"等，从而造成未沟通先给自己设障碍的局面，进而影响人与人之间的沟通交流。

对于"观点"我们要从两面来看，它有消极的一面，也有积极的一面，比如出去玩，遇到了跟你同频的人，你们就很容易玩在一起；小学生遇到了总是欺负他的人，就把那个人归结为坏人，下次遇到了就会躲远一点，起到自我保护的作用等。所以，"观点"的特性是：人们获取归属感的桥梁、心灵的防弹衣，个人潜力的天花板。这就要求我们在某些情况下要对其进行处理，处理"观点"一般满足以下三个原则：在影响人际沟通的情况下需要处理、在产生负面情绪的情况下需要处理以及在限制个人成长（发展）的情况下需要处理。

给大家推荐两种方法来处理这些"观点"，分别是：隔离法和还原法。

首先是隔离法，即当发现自己的"观点"对我们造成障碍时先放下"观点"不去想它，仿佛你的"观点"与这件事无关，与人沟通过程中，当自己产生"观点"时，我们要不断提醒自己："放下观点，先听他怎么说！"这种方法看似简单，要做到不受"观点"的影响实则是很难的。一般在"观点"产生的瞬间就已经对我们产生影响了，特别是当紧张和生气这两种情绪被触发时，就算意识到对方说了某句话或自己产生了某种想法，这一刻强烈情绪的会像太阳吸引八大行星一样，将各种与此种情绪相关的信息从大脑里挖出来，并使这些信息围绕着情绪运转，最典型的案例就是夫妻俩吵架"翻旧账"，是用过去的事情印证当下的情绪，而不是有效的处理情绪。当然"翻旧账"同样存在于职场和社交中，有时即便是没有像夫妻吵架那样针尖对麦芒，在心里面也会做类似的事。这种情况下不要说隔离"观点"，能不引发情绪上的连锁反应，就已经是万幸了。遇到这种情况，建议先接纳自己的情绪，再对情绪进行梳理，最后再处理"观点"或问题。还有我们的联想能力是很强的，有时候当"观点"产生时，而自己并没有意识到已经产生了"观点"，思想就会沿着脑子里冒出来的"线索"不断的发散，就像儿时的"白日梦"，老师正在讲课，自己坐在窗边望着窗外时，脑子里突然产生一个有趣的想法或"观点"，于是不自觉地开始浮想联翩。由于人类是一个特别善于思考的生命，也就很容易走入这样的"陷阱"或者思想的漩涡之中，如果想要做到隔离"观点"，就要求我们时刻对自己的思想保持警觉，以便于"观点"产生时我们立刻能够觉察到，比较好的练习方式就是冥想，所有的念头不分好坏一律叫"停"，比如冥想时楼下有人在炒菜，当"好香啊！"的念头出现时，有人就开始发散了，像"是什么菜"、"今天中午吃什么"、"好饿啊"等念头会紧随其后，这个时候就需要叫"停"，不让自己的思维继续发散下去，过一会儿可能还会有其他的念头出现，不断重复叫"停"，每天坚持几分钟，从而提高对自身的感知。只有提高自我觉察的能力，才有可能在"观点"刚产生时感知到它的存在，从而第一时间进行隔离，否则一旦让"观点"触发了情绪，情绪就成了我们思想的指挥者。"念头产生之初就掐灭"是需要长时间的修炼才能够逐渐做到的。所以，隔离法是一种说起来简单做起来却很困难的方法。

其次是还原法，人脑会将一些动态的过程总结为静态的"观点"，方便记忆，便于在下次遇到同类型的事物时做出快速反应和及时处理。不论是遗传还是后天习得，归纳总结是人类比较擅长的思维活动之一，尽管有些"总结"让我们寸步难行。比如，有一天某人在井边被蛇咬伤了，之后的很长一段时间即便是远远的看见井绳也会很紧张，严重者还会出现呼吸困难、无法行动等症状，导致其无法打水，而这时井边根本没有蛇，这便是"一朝被蛇咬十年怕井绳"。遇到这样的情况，我们怎么用"还原法"来降低"观点"对我们的影响呢？还原法有三个步骤：第一步，提取静态观点；第二步，从动态过程来理解观点（搞清处：是什么原因、是谁、在什么情况下、发生了什么事情、对象是谁）；第三步，将静态观点，恢复成一系列的动态表现。以"怕井绳"为例，第一步"观点"提取："我看见井绳就怕"，第二步从动态角度解释：我为什么怕井绳呢，是因为我在井边被蛇咬过；我是在什么情况下被咬的呢，是在我打水之前没有注意周围环境、看的不够仔细；第三步恢复成动态表现，上次被蛇咬是自己不小心造成的，以后再打水，要先仔细观察一下周围的环境，看看有没有毒虫猛兽。从某种意义上来讲，当我们用固定、静态的"观点"看待人、事、物，可以暂时获得安全感，却也把事情放在了不可改变的位置上，所以在我们面临挑战需要做出改变时，一定要学会将这些静态的"观点"，还原成它本来的面貌，然后找到解决问题的症结。还原法是利用了大脑的自然属性，即左右脑可以相互制约的特性，将"观点"可能引发的连锁反应，回归到对"观点"本身的解析上面，将"以自我感受为中心"的思考模式转变为"以解决问题为中心"的思考模式，从而让可能产生的情绪或情感回归于理性。

我们会注意到"观点"和脚本对沟通有着同样的影响力，因为二者的关系是表象和内因。"观点"属于很容易被察觉的内心对话，而脚本的隐秘性更强需要层层剖析才能显现出来的潜意识对话。"观点"是脚本经历过事件的刺激、情绪的渲染以及过去经验引导的产物，比如，某人认为"自己不擅长读书学习"（观点），原因是"我记不住东西，听不懂别人讲话"（脚本），经历过考试成绩差、家长或老师的指责和反复证明自己不行，就形成了"自己不擅长读书学习"的"观点"。而"观点"在某些情况下极有可能转化成新的脚本，比如，"我不擅长学习"，学习沟通之后，经历了几次沟通失败、情绪情感冲突和错误归因，最后有可能得出"我学不会沟通"、"沟通是天生的，我学不会"等新的"观点"。无论是处理"观点"还是处理脚本，要像剥洋葱，注重实效的同时循序渐进、不可急于求成，应以当下处境得到改善为依据，分阶段处理、逐级还原，不要一味的为"剥"而"剥"，如果没有事件的刺激和外界环境的验证，当我们不能做到完全客观时，思想会容易陷入到无法自拔的死循环之中，会演变成："观点"—脚本—"观点"的思维模型，造成只思考不检验的局面，比如，"我不擅长学习"—"我记忆力不好"—"父母遗传的"或者"从小记忆力就不好"。有效的调整模型是："观点"—还原—调整—验证—改善，比如，"我记不住东西"—"我在什么情况下记不住东西"—"记住这些东西对我的意义是什么，应该怎么做才能记得住"—实操验证—"这样调整，我可以记得更牢、更快"。那我们可不可以直接探索到根本原因并解决它，这里需要回答一个问题："我们可不可解决这样的逻辑——我不擅长学习是因为我记忆力不好，我从小记忆力就不好是因为我爸妈记忆力就不好，遗传给我的"。失去客观外部世界的标靶，总结出来的"根本原因"是有待商榷的，像目前主流的基因决定论、心理决定论和环境决定论，都是很好的原理，但如果运用失当，将会把自己置于无解的死循环之中。有一次，我在大街上遇到一对小情侣吵架，就因为买了好吃的东西，男生先吃了一口，女生很生气的说："你心里没有我"，男生说："我心里怎么没有你了，钱全部放你那的"，女生说："身体是诚实的，你第一口没有给我吃，说明你潜意识里面就没有我"。我听完这段对话，心想："厉害了，心理学概念还可以这么运用，不但弄得自己不开心，而且还把那个男生往死里怼"。吃个东西都能上升到心理学的高度，而且逻辑很严密，弄得小伙子都不知道怎么回答，小姑娘自己也很郁闷。在沟通中某些"至高点"还是不要随便站，比如心理学、哲学、科学、道德、情感等，不管我们的立论正确与否，都很容易造成你的沟通对象无话可答。虽然案例中男生情商高一点是可以轻松化解的，比如在女生说出"你心里没有我"之后，他接着说："我怕这玩意儿有毒，先帮你试吃一下，你看人家慈禧太后都是要别人先尝了她才可以吃"。但毕竟我们不能保证所有的沟通对象在任何时候都能保持一个高度清醒和高情商的状态。一般我们在思考的时候，如果没有充分的客观事实做支撑和印证，思维层级越多越陷入到自以为是的境地。当男生表示钱都给女生保管时，假如女生是用这一事实去验证男生的用心，而不是所谓的心理学理论，就不会发生后面的冲突。

练习八：

1、练习一下隔离法中的冥想，看看自己5分钟里面有多少个念头会产生？

2、回忆一下最近让你情绪波动比较大的事情或人，找到你对它/他产生的"观点"，尝试着用"还原法"，将其还原成动态的表现，找到解决问题的突破口。

观点：_____

第一步：_____

第二步：_____

第三步：_____

　　什么是心理暗示法？相信每个人都有过类似的体验，在你神清气爽的时候与郁郁寡欢的时候无论是做事还是沟通，感觉、效率和结果是完全不同的。不论我们是不是具有出色的口才或圆滑的交际能力，心理暗示会对我们造成不同程度的影响，正如前面提到的某些"观点"，比如"我不自信"、"我不会沟通"等，这类"观点"在不断地暗示自己："我不行"。当然心理暗示除了存在消极的一面，还有积极的一面，比如一些正向的观念，"我很积极阳光"、"我能做到"等。因而我们要学会活用心理暗示积极的一面，这里推荐两种方法供大家参考，一是结果假设法，即想象你的沟通目标已经达成，不妨做个"白日梦"，设想自己目标达成的时候，自己是一个什么样的状态，然后带着这样的状态去跟他人沟通，看看会有什么不同。二是过程引导法，第一，尝试引导对方点头，如果我们在发表某种观点，并且想说服对方，就可以在阐述观点的同时多创造一些让自己和对方点头的机会，这样会给对方造成一种心理暗示，让他认为你的观点是有用的、正确的，并且当对方点头时我们有一种被认可的感觉，从而更加的自信，产生良性的互动。第二，用缓慢的语速说话，当我们急于表达自己的想法时，会有语速加快的现象，是因为我们多少有些紧张，生怕对方不相信自己或不接受自己的观点。然而语速变快，不利于沟通对象获取信息，使得对方不容易做出有效的回应，比如孩子哭闹、电话推销等情况的表达，反而容易激起听话人的情绪，影响沟通效果。当我们语速慢下来的时候，给人一种淡定从容的感觉，对方也会很容易投来积极的眼神。第三，用表情和肢体动作改变情绪，每个人在人际沟通过程中都不可能一帆风顺，总会有沟通不畅的时候，这时我们的情绪会受到一定程度的影响，比如变得焦虑、烦躁，从而影响沟通的效果。而且当你情绪不佳时，还会通过一些微表情和肢体语言表现出来，一旦被对方抓住"把柄"，对我们的沟通产生更加不利的影响。所以，一旦出现沟通不畅，我们要及时调整自己的状态，用积极的心理暗示来取代消极的心理暗示。比如，让自己嘴角上扬，来一个大大的微笑；或者舒展身体的姿势，让自己的身体占用更多的空间，在空间上呈现出扩展的状态。这些都有助于增加自己的信心，让自己的内心能量满满，同时还会给对方一种暗示："我是自信的""我能够管理好自己的情绪""我想通过持续沟通来达到目的"等，从而让我们的沟通产生积极的效应。

最后，沟通中情绪的处理。

大家在沟通中，有没有产生过情绪，哪些情绪对沟通有利，哪些情绪对沟通不利？一般来讲，积极正面的情绪有利于达成沟通目的和解决问题，而消极负面的情绪容易造成沟通障碍和冲突升级。沟通者要清楚，我们的情绪决定了沟通的氛围，而氛围又影响着对方的情绪。比如，我们在回家进门前，把表情整理的很严肃，然后进门跟老婆（老公）、孩子说："我跟你们说件事"，结果会怎么样？他们容易变得莫名其妙或紧张，可能会认为有什么不愉快的事要发生；但如果你带着愉快的表情说："我跟你们说件事"，他们就会很放松，甚至会以为是好事或开心的事，有可能会有其他反应，基本上不会朝坏的方向思考。

所以，想要提供一个轻松愉快、平静和谐以及安全的沟通氛围，我们自身就需要保持良好的情绪状态。情绪是一件需要短期改善的事，也是一件需要长期培养的事。维持良好的情绪需要我们从三个方面来入手：第一，提高认知水平；第二，丰富业余生活；第三，运动改善状态。

第一，提高认知水平。其实就是提高对情绪的认识，知道它是怎么来的又怎么去的。从大脑结构来讲，就右利手而言，一般情绪是受右脑支配的，而我们的左脑是负责理性的思维，比如逻辑、文字等。所以当情绪产生时，说明是右脑在支配我们的言行和思考，人在这种状态不适合进行沟通和做决定。当情绪起支配作用时，不论是思考问题的逻辑性还是看待问题的角度都会受到情绪的影响，严重时还会出现逻辑混乱。所以作为沟通者，意识保持清醒是很重要的，当我们有情绪的时候就要学会利用左脑的理性去平衡右脑的感性。在这里推荐一个理性情绪调节工具，即ABC理性情绪调节法[18]：C代表找出情绪困扰和行为不适的具体表现，A代表找出这些反应相对应的诱发事件，B代表对A、C之间的导致情绪反应的信念进行分析和转换。假如在一个风和日丽的白天，你兴高采烈地走在路上，忽然头上掉了块鸟粪，请问你的反应是什么？以生气为例，首先，我们找到C：我现在很生气；然后，找到A：一块鸟粪掉在了我的头上；最后，来找B：今天运气真差或今天真倒霉。接下来，分析和转换B："鸟粪掉在头上是万分之一的概率，为什么我会朝消极方向思考"，"可不可以从积极的方面来思考，是运气好也说不一定"等，让自己慢慢从情绪过渡到理性状态，回归到思考如何解决当下的问题，是回家洗头还是先拿纸擦干净。一块鸟粪掉在头上，有的人可能会觉得很倒霉因而很生气，而有的人可能会觉得是幸运的标志认为可以去买彩票，还有人可能会觉得无所谓回家洗洗就好，同样一件事情有人开心、有人生气、有人无所谓，决定我们情绪的不是事件本身，而是自己对这件事的看法，及时找到那个"B"，进行情绪的转移，从而提高生活品质。

练习九：回忆最近一件让自己心情不好的事情，并分析出它的A、B和C。

C: _____

A: _____

B: _____

第二，丰富业余生活。有人曾说过："单调的生活等于无趣的人生"，当日常生活处在类似于"两点一线"或者"三点一线"的水平时，很难有特别开心的事情，除非你在做的事本来就是自己的爱好，因为关注点只有单纯的几个人和几件事，情绪很容易受其影响，这些人和事如果处理得好，心情会舒畅；处理不好，心情就好不起来。所以，要让自己长期保持一种良好的心情，使我们的生活多元化，以前的人喜欢养花、遛鸟、打太极等活动，现代人可以从事的活动更丰富，比如健身、跑步、打球、跳舞、画画、下棋、写作、旅游等。总会找到一个自己喜欢的项目，来平衡生活，从而保持良好的生活节奏、培养良好的心境。总之，生活中不可能事事如人意，因此好心情需要我们去培养。

练习十：回想一下，你做哪些事情能够令你轻松愉快，列出五件，选一个健康且可持续的项目。

_____ _____ _____ _____ _____

第三，运动改善状态。我经常会给不同的企业做咨询，经常会遇到一些特别自律的人，我曾采访过一个长期坚持晨跑的人，问他："跑步到底有什么好处？"，他的回答是："虽然起得早，但跑完步之后一整天头脑都是清醒的。"我回忆了一下，自己记忆力最好的时候，也是我运动强度最大的那段时间。除了通过长期运动来培养良好的心理身理环境，我们在沟通过程中也可以使用一些动作来进行自我微调。怎么在沟通中通过动作来调节呢？当然我们不可能与人沟通到一半，就去跑个5公里或者去做其他有氧运动，再回来跟人沟通。所以我们只能做些幅度不太大的动作，同时又不会引起对方的诧异。有哪些动作可以用于沟通中使用呢？相信绝大部分人看过体育竞技比赛，比如田径、球赛等，运动员如果胜利了会做什么姿势，如果失败了又会做什么姿势？我们将运动员胜利时，做的那些姿势称为扩张型姿态；将运动员失败时，做的那些姿势称为收缩型姿态。有研究表明，在沟通中采用扩张、开放的姿态，不仅能促使我们的心理和行为发生变化，还能改变我们的生理状态，有利于培养自信和良好心情，促进身体健康。所以当我们需要调整状态时，可以去趟洗手间，做做这些动作，调整一下自己的状态。或者在沟通时加一些手势和肢体动作，强化你的沟通内容，展现你的自信。

我们要进行一些具有挑战性或比较有压力的沟通之前，也可以适当运用这种扩张型的姿态来激励自己，增加自己的能量，让自己对即将到来的沟通充满信心，而不至于还没开始就败下阵来。值得注意的是，运用这些扩张型的体态语言时，扩展姿态的幅度不要太大，比如摇头晃脑、跷二郎腿，或者跟人说话时用手指对方，甚至挥舞拳头，这些姿态虽然也属于扩张型的，却显得很没礼貌，或者过于咄咄逼人。

练习十一：双手叉腰、双腿打开、挺胸抬头、两眼平视前方，坚持几分钟感受自己的变化。

做完以上练习，你的感受是：＿＿＿＿＿＿＿＿＿＿

＿＿＿＿＿＿＿＿＿＿

总之，我们培养心情可以通过思想调节打开自我格局、通过环境调节培养积极心态、通过身体调节改良生理环境，从而让自己保持长效的良好心境。

沟通的原则包括主动性、及时性、针对性、适当性、坦诚和立场。其中，主动性和及时性依靠的是心态，针对性和适当性依靠的是内容和情绪，坦诚和立场依靠的是态度和目标，没有一个好沟通状态就很难将这些原则坚持下去，所以良好的状态为我们顺利沟通起着保驾护航的作用。

本节的作业是：设计出一套属于自己的保持良好沟通状态的方案。针对近期你要沟通的事件，预估一下影响你沟通状态的因素有哪些，是内容上的还是状态上的，打算使用哪些工具来为沟通做准备，计划怎么做？

第二节　敏感期深度链接

人类是一个复杂的生命体，无论从身体机能还是从意识形态上来讲，都是如此。不同的个体对同一事物的认识有所不同，因而想要在不同个体之间达成共识、实现共赢不是一件容易的事情，这需要建立在信息和情感充分交流的基础之上，我们将这种信息和情感充分交流称为人际沟通的深度链接。这样的链接并不是来自于简单的物质互换或价值交换，而是来自于人与人之间的思想和情感的碰撞。我们日常提到的共识、共情、尊重和换位思考都是在深度链接的过程中逐步实现的，比如我在给大学生上创业课的时候，偶尔会遇到上课打游戏的情况，表面上是学生贪玩不遵守课堂纪律、不尊重老师，根本原因是他并没有明白这门课对他后续人生的意义，通过充分地交流之后，当他意识到学习创业对于他的意义是什么时，他就会表现为认真听讲、积极互动，自然而然的就会遵守课堂纪律和尊重老师了。在家庭和工作中也是一样的，当某项需要通过合作才能完成的事情无法有效地推进时，就需要考虑双方是否就此进行过充分的交流，包括思想、情感、价值观等。当情感账户储备不够充足时，我们彼此之间的关系是脆弱而敏感的。作为沟通者，需要做哪些事情来引发或引导双方去建立一种深度链接的关系，就某件事或某个项目而言，既能寻找到各自的利益也能发现共通的意义、实现彼此的同频？

在生活中总有一些人无论走到哪里都能迅速跟人建立链接、交上朋友。但有些人费了九牛二虎之力也无法达成沟通目标，比如夫妻沟通、亲子教育、交友、销售、管理等。以前我认识一位保险营销员，走的是高端路线，有一次向我吐槽，他有一位潜在客户，经营了两年，有时还会陪那位客户去一些高档会所或者打打高尔夫球，可是最后被其他保险公司的新进人员把那位客户的保单给签了。他向我咨询是什么原因？但我毕竟没见过他的那位潜在客户，也没见过另一位保险营销员，只能根据他描述的表象，做一些简单的判断，之所以未能成交，除了产品本身以外我们跟客户的链接深度也是一个重要的决定因素。我们经常也在电视剧里面看到，某楼盘销售员跟了很久的客户，一直都没能成交，反而被一个新来的人成交了。就沟通而言，我们跟一个人链接的深度，跟时间的长度并不一定成正相关，反而与因果的关系更为直接，即达成或具备什么条件时结果就会呈现，这意味着我们做到了什么或者关注到了什么或者在沟通中满足了什么条件，就能达成沟通目的或实现某种结果。比如，我有一位朋友之前做培训的，后来跑去给一个学校当副校长，有次邀请我去给他们学校做一场管理方面的沟通培训，结束之后校长请我们吃饭。吃饭的时候，我们聊了很多话题，绝大部分时间是我听他说，中间我简单问了几个问题，他做了全面的回答，包括学校的长远规划和目标，我觉得挺好的，于是便问了一句："你这些理念很好，跟你们副校长讲过没有？"，他的回答是："我们还没聊到这么深！"当时我就愣了一下，因为我清楚地记得我的那位朋友去这所学校已经近一年了。在后来的沟通，我就发现原因了，这位副校长在管理过程中，有很多的越级行为（该他管的管，不该他管的也管），因为正副校长本来就是多年的老朋友，甚至偶尔副校长还会当着其他老师的面直接指出正校长做得不对的地方，就学校管理而言，正校长在副校长身上得不到信任和安全感，因此有些话就不愿意多说。

其实，沟通与写作、唱歌一样，也存在着起、承、转、合或者引、导、变、化，虽然我们期望沟通最好是精简直接，即有话直说，但沟通效果毕竟不完全取决于我们（沟通者），而是来自于双方的有效互动，由于每个人对信息的接受程度是不一样的，我们跟不同个体的沟通会受到对方信息接收能力的影响，比如小学生和大学生、阅历浅和阅历深、情绪管理能力弱和情绪管理能力强等不同类型的人，其接收信息和解读信息的能力是完全不同的，因而我们在沟通中就不能自说自话，否则对方就很难理解，从而导致沟通的障碍和矛盾的产生。在人际交流的过程中，特别是深入沟通的环节，沟通者和沟通对象至少有一方会相对比较敏感，双方从封闭到开放会有一个转变的过程，这个环节如果处理得越好，后续沟通的争议就越少，这一过程的处理包括了三个方面：其一，循序渐进把握节奏；其二，营造深度融洽关系；其三，关注细节深度链接。

循序渐进把握节奏

由于每个人的认知、经验和阅历都有所区别，所以在沟通过程中，信息的交换就变得非常重要。因为每个人对信息接受和开放接纳的程度不同，就需要我们用尊重和信任去构建一个相对安全的沟通氛围，以便双方能够进行充分的交流。这里有三种措施，可以协助我们达到这样的目的，分别是：优先配合对方节奏、将决定权交给对方和循迹提问深入沟通。

首先，优先配合对方的节奏[19]。在第一章中讲到沟通者有四种心理需求，其中就有被理解和被接受，多数情况下人们更期望在沟通中别人跟着自己的节奏走，但实际上沟通对象也有同样的需求，此时就需要我们付出勇气，优先去配合对方的节奏。以前有学员问过我："一开始就什么都听对方的，我们还怎么谈？"，这是对该措施的误解，所谓配合对方的节奏不等于完全遵从对方的意思，而是通过你的行为让对方感受到被肯定、被尊重和被理解，这样对方才愿意透露更多的信息，以便于找到双方的共赢点。那么需要我们怎么配合呢？在第一章中提到过影响沟通的因素包括语气、语速和语调以及眼神、姿势和表情，而且在沟通中我们不会只用嘴巴和大脑（思考），还包括眼睛（看）、耳朵（听）、鼻子（闻）和身体（接触）。综合这些因素，不难发现除了沟通内容外还有很多元素会对沟通效果产生影响，由于我们在沟通初期需要达成共识，所以针对内容层面的交流会多一些，这是由人们的想法、价值观、模式等认知和行为层面不一致决定的，而沟通的转折点有可能是由沟通内容之外的其他因素造成的，比如一个点头、一个微笑亦或者你准确的说出了女性合作方所用香水的品牌，从而引起她的谈话兴趣，导致其透露了项目无法推进的具体缘由。所以配合对方的节奏不是指听从对方意见或建议，而是打开自己的感官通道去找到与沟通对象的交集，然后通过语言或身体语言传递信息，从而让对方发现他与你之间存在的共性，这就要求我们以开放的态度在沟通中进行敏锐地观察和感知，包括对方的外在和内在、语言表达和非语言的表达，当彼此还不太熟悉时，无法对其做出准确判断，而谁都还没办法用语言来说服对方的情况下，非语言表达对沟通的影响就显的尤为重要，而非语言表达就包括了对方的语气、语速、语调、眼神、姿势和表情。我们怎么做才能让对方感受到共性呢？可以从实现行为的同频开始，比如，对方笑我们跟着笑、对方感动我们跟着感动、对方前倾我们一起前倾、对方举手我们一起举手等，从非语言层面让对方感受到被认同，人的大脑会自动判定为"我们是同类"，这是由人类的自然属性决定的，当双方都以为"我们是同类"时，沟通就容易水到渠成，彼此贡献的意见才会被相互接纳。比较典型的、经常能看到的案例：三个女人逛街，步伐一致的两个要么是母女、要么是闺蜜。根据生物学家研究，不管人还是动物都有很强的趋同性，比如，热恋期的男女朋友表情动作都很接近、又或者感情特别好的夫妻随着年龄增大相貌越发的接近等。值得注意的是，这样的配合要有个"度"，即配合不等于模仿，比如对方笑我们可以晚几秒笑、对方右手拿笔我们可以右手拿尺子或其它与笔类似的东西等，如果稍有不慎对方会以为你把他当傻子。有一次，我给一位做营销的朋友讲过类似的话题，后来第二次见面的时候，他直言：我忽悠他，让他在客户面前出丑，仔细询问后发现，归根结底是他在与客户沟通过程中一直在模仿对方，对方察觉后认为他在戏弄自己，勃然大怒甩门而去。

以上是如何通过非语言表达来让对方感受到共性。关于语言的部分，我们可以通过重复对方的话表示对事的关注，通过标注对方的情感[20]表示对人的关心，从而让对方感受到你与他之间的情感共鸣。我记得有一次上课的时候，见到我的一位学员特别开心，但略显疲惫，

我对他说："我看你今天有点疲惫啊。"

他说："我昨晚熬夜了。"

我说："哦，熬夜了。"

他说："是的，昨晚我来了两位战友。"

我说："来了两位战友啊。"

他说："就是，一位是来自北京的、一位是来自西藏的。"

我说："是来自北京和西藏的战友。"

他说："嗯，以前在部队的时候关系特别好……"

于是打开了他的话匣子，聊了很多他在部队里面的事情。

总之，通过对人、对事的关注表现出了对他人的肯定、尊重和理解，找到彼此的共性，不用刻意去要求和询问，对方也会敞开心扉、充分表达。

练习十二：找一位朋友不管是逛街还是喝茶，跟他聊天，过程中注意配合他的节奏，结束后听听他的反馈，问一下他对你今天的感受有什么不同？

他对你的感受是：＿＿＿＿＿＿＿＿＿＿＿＿＿＿＿＿

＿＿＿＿＿＿＿＿＿＿＿＿

其次，将决定权交给对方[21]。许多人都希望在沟通中占据主导地位，以便于能控制结果，使我们的期望能够安全着陆。由于事情的发生和发展过程有太多的不确定性，从而引发了人内心的不安，比如，小孩不准大人出门，是因为他一个人待在家里不知道会面对些什么；又比如，掌控型老板，是因为他担心别人办不好事情；又比如，掌控型父母，是因为对孩子的各种担心。对于沟通和自身的主导权和控制权是我们需要的，同样也是对方的需求。就像买东西讨价还价一样，如果大家的焦点都在价格上，那么有可能会花很长的时间来争论，不管是卖方还是买方，谁先看到自身优势和对方的核心需求，谁就能主导沟通的方向，这就是为什么我们会看到，有时候买方取得价钱优势，比如注意到卖方想急于销售；有时候卖方取得价格优势，比如意识到买方特别需要。一般我们会认为控制和被控制、主导或被主导属于二元对立的竞争关系，只能二选一，如果在沟通的某个环节或者事情发展的某个节点陷入被动，难免会顾此失彼，就细节展开争执，忽略了沟通的整体性，比如公司会议陷入到某项事务的处理而忽略了议题、家庭交流陷入到"谁对谁错"的争论而忽略了解决问题。许多人将决定权与主导地位画等号，以为让别人做决定就会让事情朝着不可控的方向发展，这其实是范围不清晰，将决定权交予对方并不等于我们在沟通中丧失了主导作用，因为沟通过程除了选择决定权，还包括信息内容、原则规矩、情绪情感的专递以及主题的约定和流程的把控。我们将决定权交予对方的目的，是对沟通对象表示尊重，便于营造良好的沟通氛围、达成沟通目的，比如，我们到北京去旅游，既然目的地是北京，为什么还要计较是开车、坐车还是坐飞机，如果是开车、坐车为什么要计较到底选哪条路线呢？但往往很多人喜欢让别人按照自己的意愿去达成目标，当喜欢坐动车的人遇上喜欢坐飞机的人，不定非要让别人坐动车或者坐飞机，谁让一步都可以，或者先选择各自喜好的交通工具达到目的地，再约定碰面地点，因为到达北京才是关键。同样，沟通中目标一致才是关键，至于别人怎么处理，是他的选择，我们只需要明确结果的验收标准就可以了，顶多在行事过程中对方询问时提一些建议。处理事情和沟通一样要以结果为导向，但又不能拘泥于结果。

我们在买东西的时候有没有遇到过一些推销员会让你感受特别不好，有一次我逛街遇到一个卖洗脚盆的活动，现场坐了很多人，主持人上台先宣传了一些健康知识之后，带领大家集体跳了个热血沸腾的健身操，待所有人坐下后，就开始放音乐（诉说爸爸妈妈辛苦之类的音乐），伴随着音乐主持人开启了一连串的灵魂拷问："爸爸妈妈把我们带大是不是不容易？"，下面齐声回答："对！"，主持人又问："想不想父母长命百岁？"又是一片呼声："想！"，主持人："想要父母长命百岁，他们的健康是不是很重要？"回答："重要！"主持人："根据科学研究人老先老脚，咱爸妈的腿脚健康重要不重要？"回答："重要"主持人："百善孝为先，要不要花2000块钱给咱爸妈买个盆，泡泡脚？"，紧接着，在场的人就开启了抢购模式，我当时在外面旁听，听着话里话外没什么毛病，但又觉得哪里不对劲。没过几天就有很多人跑去退货，一部分是买盆的本人，另一部分是买盆的家人，可惜卖盆的早已人去楼空。后来，我学了销售才知道主持人的这招叫"7yes成交法"，要求从一开始就要把每一个环节都掌握在自己的手中，甚至听众的答案都在控制范围之内，全程采用封闭式提问的方式，可是这种交流的方式，最大的缺陷就是丧失了信息交互的公平性，而且对他人的想法缺乏尊重，恐怕这就是我觉得不对劲的原因。

前FIB谈判员，克里斯·沃斯曾做过一项研究[21]，在美国大选时拉选票，一个团队采用封闭式提问和引导对方说"Yes"的方式，另一个团队则采用开放式提问和鼓励对方说"NO"的方式，结果是采用说"NO"的这一组比说"Yes"的那一组回报率整整高了百分之二十三。可是，在后来打算在他朋友公司大规模推行第二种方式时，就变得困难重重。为什么会这样呢？从心理学角度分析，与自己有直接利益的情况下，人们更注重表象信息。因而在沟通中，比起对方做了什么我们更关注对方说了什么，话务员不能看到沟通对象的表情和身体语言时，只能通过对方的语言内容和语音语调来进行判断，一旦无法从内容上控制对话，他们就失去了谈话的掌控感，这对话务员的心理是极大的挑战。对许多人而言，在沟通中失去掌控感就意味着失去了对结果的把控。

作为沟通者，应该清楚以结果为导向的沟通，我们把握沟通节奏除了通过掌控内容、选择权和决定权，还可以通过沟通流程、主题框架、底层逻辑、处事原则和目标结果来导向沟通目的。好比我们去北京，不是我们推着对方的车去北京，而是跟他达成共识后，让其选择怎么去北京。因此，沟通者有很多的选项和很大的空间，将沟通导向目标，所以因无法把控谈话内容而失去的掌控感从某种意义上来讲属于自身的一种错觉。如果将决定权给予对方导致沟通失败的话，只有一个原因，就是沟通者站得不够高、看得不够远，因而我们的沟通（目标、内容、主题等）无法包容对方的沟通（目标、内容、主题等），使得双方始终处于二选一的对立面，一旦对方拥有选择权和决定权就是我们沟通失败的标志。这也是很多父母与孩子、管理者与被管理者沟通协调失败的一个重要原因。当团队或家庭发展到需要授权和交权才能更进一步时，前提是保障自己的见识足够广以及组织结构和管理流程趋于完善，就像华为的任正非一样，在一次采访中他表示在公司喝一杯可乐的权利都没有，之所以授权和交权做得这么彻底，是因为任总见多识广加之有华为完善的制度和流程为企业的使命愿景保驾护航。到这一步就是用使命愿景以及规则和原则来管理组织、处理事务和解决问题，而非某个人来控制结果。

总之，沟通中最好的合作方式就是：沟通者把握沟通节奏，给予沟通对象选择权和决定权，对其表示尊重，让其获取掌控感。

　　练习十三：回家跟孩子或爱人，或者跟同事做这样一个练习，在沟通中当对方说"不"的时候，先听听他是怎么说的？没准你会听到或看到不一样的东西。

　　在沟通中，发现你从未思考或思考很少的是：＿＿＿＿＿＿＿
＿＿＿＿＿＿＿＿＿＿＿

　　最后，循迹提问深入沟通。这一步就是一个简单的沟通模型：提问—了解—提问或提问—肯定—提问，然后重复以上步骤，直至达到目的，不论是信息的收集还是关系的推进都可以用这个工具来实现，而这一步的效果则取决于前两项工作的实施程度，即优先配合对方节奏和将决定权交给对方，因为这两项是给对方提供安全、安心和信任的沟通环境，用以营造良好的沟通氛围，前面铺垫做得越好，循迹调查的所获得的信息越全面，沟通双方的开放区才会足够大，为后续沟通奠定一个很好的基础。具体怎么做呢？我们用一组对比案例来说明：

　　对话A

　　A：暑假你一般怎么过？

　　B：多数情况下都是读书。

　　A：你喜欢哪种类型的书？

　　B：我喜欢推理小说。

　　A：推理小说的哪些地方吸引你呢？

　　B：因为猜不出接下来会发生什么，所以既紧张又兴奋。

　　对话B

　　A：暑假你一般怎么过？

B：多数情况下都是读书。

A：你经常读书啊。

A：你喜欢哪种类型的书？

B：我喜欢推理小说。

A：原来你喜欢推理小说啊。

A：推理小说的哪些地方吸引你呢？

B：因为猜不出接下来会发生什么，所以既紧张又兴奋。

A：原来如此，因为预测不出后面内容所以紧张啊。

我们可以找个搭档尝试练习一下这两组对话，再谈谈这两组对话给你带来了哪些不同的感受，也就知道循迹提问该怎么做了。总之，如果我们要建立情感、探知需求和深入沟通，循迹提问是一种很好的方式，也是一种让双方彼此都比较舒服的沟通方式。

练习十四：前面我们布置过赞美他人的作业，循迹提问也是一种不着痕迹的赞美，找一个人练习一下，谈谈你使用后的感受。

_____

_____

虽然我们将把握沟通节奏分成了三个部分，但并没有先后之分，"配合对方节奏"和"决定权交给对方"提供尊重、信任和安全的沟通氛围，"循迹提问"是展开话题的路径，并不限于我们在什么情况下使用，第一章中人际沟通五层级中任何一环节均可使用，三者可独立使用，也可同时使用，比如，对话B，如果是一名书籍销售人员，一边询问和微笑、一边肯定和点头（配合对方的表情），进行同样的对话，然后再推荐几本或几套推理小说（让对方做选择），相信与顾客一进门就直接推销书籍所达成的销售效果相比会有很大的不同。

营造深度融洽关系

一旦有了安全、尊重和信任的沟通氛围，就具备了敞开心扉沟通的基础，但人的内心是脆弱而敏感的，有时一点点的价值观或情感冲突，就会把之前构建的良好氛围打破，作为沟通者需要时刻保持警觉。首先，我们要预防沟通不当造成的不必要的误解；其次，我们要学会从不同的角度和维度看待同一件事情。

首先，我们用两类场景来说明什么是沟通不当：

第一类，超市老板给正在打扫卫生的员工说："想一下明天的货品怎么摆放"或者丈夫回家看着做家务的妻子说："记得把鞋摆好"，这样类似的场景在企业和家庭中常常会出现：当一个人正在专注做某件事或者正在谈论某个话题的时候，管理者、父母或丈夫（或妻子）提出另外一个要求。事情的后续演变会怎样呢？就大脑处理信息的能力而言，如果对方按照要求做了，属于意外之喜，如果对方没有按照要求行事才是正常的。因为人的大脑，在同一时间内只能做一些同质化或冲突不太大的事情，比如一边走路一边聊天、一边写字一边思考等，但你让他同时左手画圆右手打手机游戏那就不行了，所以当一个人正在专心做某件事时突然被要求去做另一件与此不相关的事情或者正在聊某个话题突然被提了一些完全不相关的问题时，大脑就会出现短暂的"卡壳"，女性稍微好一点（因为女性的左右脑的连接相对要通常些），但也仅仅只是好一点，如果丈夫在短时间内安排了太多的事情，妻子依然会出现顾接不暇，甚至因为积压的事情太多而发火。在短暂的"卡壳"之后，人脑中就会形成一系列的后续反应，比如，选择（看哪一个重要紧急）、忽略（大脑屏蔽掉与当前不相关的信息）、混乱（前一个信息与后一个信息，不但在价值观上有冲突，在情感上也有冲突）等，最终的结果是有很大的可能性是新接收到的信息会被脑子里正在集中运转的信息排挤掉，即管理者、父母或爱人传递的新信息或者是提出的新要求会被当事人大脑里正在执行的信息"干掉"。如果这类信息过多，也会导致接收信息的人压力激增，比如，一次性给学生布置过多的作业、短时间内向员工安排多项任务、给丈夫/妻子分配应接不暇的家务等。

第二类，就是"我知道的事情，我以为你也知道"，我记得有一次，在面馆吃面，遇到了一对父子，两人入座之后，父亲叫小男孩去拿筷子，父亲催促了三遍，孩子都不为所动，父亲就很生气，就开始指责孩子不听话，我看情况不对，我拍了拍男孩的肩，给他指了指放筷子的地方，他就直接过去拿了两双筷子过来，待他回来的时候我问了一句："你是不是不知道筷子在哪？"，小男孩点点头，父亲看了我一眼，很尴尬的笑了笑。为什么会有这样的现象存在呢？这跟我们每个人的认知、经验和情绪有关系，讲话人（或者沟通者）因为不了解听话人（或者沟通对象），所以只能站在自己的角度讲话，而听话人不了解讲话人的习惯和想法，也只能按照自己经验去理解、执行或者无法理解、执行。上述例子的父亲因为去过很多次这家面馆，知道筷子在哪，自己就习以为常了，认为筷子放在那里是理所当然的事，孩子因为之前没来过这家面馆，不清楚东西的摆放位置，所以理解不了父亲的话。如果孩子在家经常进厨房拿筷子的话，孩子会自然地理解为

进厨房去拿筷子，因为孩子有过这样的经历，可能会跑一趟
厨房。

·先来看一下造成沟通不当的原因

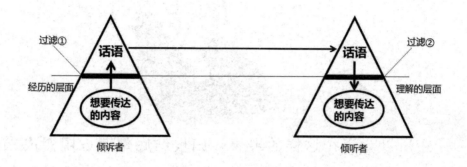

就好比，放一副图在这里，然后提问："下面这张图[4]是
贵妇还是巫婆？"

把头发下方那个半圆形看成眼睛的人会坚持说："这是个
巫婆"，而把其看成耳朵的人则会坚持说："这是个贵妇"。

　　之所以会存在这样的现象，归根结底是双方观点成立的条件和看待事情的角度不一致，以及表达不够精准导致争论的产生。这时如果有人收集的信息相对更全面，就能做到统合综效，那么他就占据了沟通的主导地位，并对参与沟通的人有很强的影响力。

　　我们用三个步骤来解决因为沟通不当导致的信息错位，第一，预设沟通框架（在谈论主题之前，创造出主题被接受的条件）；第二，针对说话人可能漏掉的信息提问（关于细节和事实的问题）；第三，听话人向说话人确认相关信息（用自己的话来表示接收到的内容）。

　　预设沟通框架。即"说话要先讲前提"，比如"你可以加液体，也可以加粉末；可以用手处理，也可以用机器；可以自己弄，也可以让别人弄"，这话听起来很费解，其实我说的是洗衣服，但有可能会有人猜测我是在兑奶茶。上述超市的例子，老板可以说："今天也打扫得很干净，待会儿卫生打扫完了，思考一下明天货品摆放的事情"。还有前面那幅有关"贵妇"和"巫婆"的图，可以这样问："当我们把头发下方那个半圆形看成耳朵时，请问你看到的什么？"

　　针对说话人可能漏掉的信息提问，比如小孩拿筷子的案例，如果小孩是一个开朗外向型的孩子，遇到这种情况，一般会问："爸爸，筷子在哪啊？"。当然，这个案例是一个比较简单情景，针对相对复杂的事情我们就要弄清楚：什么情况、什么原因、什么时间、什么地点、有哪些人等相关信息。

听话人向说话人确认相关信息，比如小孩是理解成了到厨房拿筷子，就可以问："爸爸是不是让我去厨房拿筷子？"，这时，父亲就会意识到小孩之前没来过这家面馆，就会告诉他实际的位置。在沟通中，我们要学会习惯性的向对方确认信息，以减少误解。便于对方发现你理解不对的地方，及时做出校正。

其次，从不同的角度和维度看待同一件事情。有一件事是我们可以达成共识的，即一张纸有正反两面，一个盒子有上下、左右、前后六个面，在太空从任何一个点看地球都不一样，对于我们遇到的问题也是如此，一个问题或事件不可能只有一个或两个角度可以思考和分析，不然苹果也就不会演变出世界名画（保罗·塞尚）、苹果手机（乔布斯）和万有引力（牛顿）三个结果了，一只猫除了生物学概念也就不会衍生出心理学概念（踢猫效应）和物理学概念（薛定谔的猫），所以对于同一件事物我们要学会从多个角度和不同维度去看待和思考它。

为了便于判定自己沟通所处的状态，这里将沟通划分成了几个维度。沟通者在不需要别人的意见的情况下，只需要他滔滔不绝的讲，不太需要回应的沟通，把这种沟通叫一元沟通或灌输式沟通；沟通者和沟通对象意见不合，彼此都觉得双方是站在自己的对立面，称为二元沟通，由于沟通者和沟通对象处于二元对立状态也称角逐式沟通；沟通者眼界足够开阔，能看到自己的观点，也能看到沟通对象的观点，并能找到一个合适的角度将两者的观点进行整合，甚至形成一个能同时兼容双方观点的新思路，这就是多元沟通，由于新的思路与原来看似对立的两个观点形成了一个有机的整体，又称整合式沟通。比如，我之前给一个集团公司做培训，他们的老板纠结于"想培训"和"没时间"之间，通过对该公司一周时间的分配进行了调查，发现他们每周有个例会，于是我就提出将例会与培训相结合的方案，时间问题和培训问题就都得到了解决。

多元沟通要求我们能够从多个视角看待同一件事情，这里有一个非常重要的前提是需要我们掌握相对充足而全面的信息，进而决定了我们能否找到多个沟通切入点。所以我们必须在沟通前和沟通中对同一件事或同一个人从各个角度搜集信息和思考分析，"横向发问"和"纵向发问"两种工具可以达到这样目的。

横向发问又称"5W2H"[18]调查分析法，包括 Why、Who、When、Where、What、How 和 How much。

（1）Why——为什么沟通、可不可以不沟通、有没有替代方案……

（2）Who——参与沟通的都有谁、沟通对象是谁、性格特点如何……

（3）When——什么时间沟通、哪些时间比较适合沟通……

（4）Where——在什么地方沟通、什么地方适合沟通……

（5）What——沟通的内容是什么、已知的信息有哪些、未知的信息有哪些、哪些事情需要说、哪些事情不需要说、哪些事情看时机说、哪些事情想要说……

（6）How ——怎么做、过程是什么、行动计划是什么、如何保证结果……

（7）How much——多少、谈到了什么程度、有哪些衡量指标……

举个例子，张三是某医药公司销售代表，他想向某药品连锁店老板王总，销售一种药品冲剂。接着我们来完善该销售方案的"5W2H"，Why：目的是向拥有200家连锁门店的王总销售冲剂。Who：王总行事果断精明、40岁、企业主，白手起家，从2009年到2022年期间连续开了200家药品销售门店。When：约在4月16日、周二下午3：00（15：00）。Where：在王总办公室。What：想要说的是产品特性、价格和市场前景，目前已经知道了整个行业的前景和同类产品的价格，需要重点说明的就是利润空间。How：计划先拿下20家门店的合作意向，在下次回访时让方案落地。How much：目标是在王总这实现100万销量，逐步铺货到200家门店，第一步是20家，第二步是50家，第三步是200家。通过如此全面的信息收集和思考判断，不管跟领导做汇报还是跟顾客交流，都能从容的应对，而且由于对王总有了充分的了解，有了明确的沟通策略，不会急于成交200家门店，也就不会将自己陷入到非此即彼的二元对立沟通中。

纵向发问又称"5Why"[22]探究分析法，以华盛顿杰弗逊纪念馆为例：

上世纪80年代，美国政府发现华盛顿的杰弗逊纪念馆墙壁受腐蚀损坏严重，于是请了专家来调查。

问：为什么大厦表面斑驳陈旧？

答：最先认为的原因是酸雨，进一步实验发现酸雨的作用没有如此明显（不是根本原因）。

专家发现，冲洗墙壁所用的清洁剂对建筑物有腐蚀作用，该大厦墙壁每年被冲洗的次数大大多于其他建筑，腐蚀自然更加严重。

问：为什么要经常清洗？

答：因为大厦被大量的燕粪弄得很脏。

问：为什么会那么多的燕粪呢？

答：因为燕子喜欢聚集到这里。

问：为什么燕子喜欢聚集到这里？

答：因为建筑物上有它们喜欢吃的蜘蛛。

问：为什么会有蜘蛛？

答：蜘蛛爱在这里安巢，是因为墙上有大量它们爱吃的飞虫。

问：为什么有这么多飞虫？

答：因为飞虫在这里繁殖特别快。

问：为什么飞虫在这里繁殖得这么快？

答：因为傍晚时尘埃在从窗外射进来的强光作用下，形成了刺激飞虫生长的温床。

拉开窗帘，杰弗逊纪念馆的问题就这么轻易解决了，大厦至今完好无损。

"5Why"分析法并不像表面看起来那么简单，提问者不仅要问5个"为什么"，还需要准确把握问题的核心，提出正确的问题。世界上著名的咨询公司——麦肯锡公司有一位负责人这样讲过："企业倒闭最常见的原因不是因为对正确的问题提出了错误的答案，而是因为对错误的问题提出了正确的答案。我见过太多的企业一次次做出看似最佳但却是建立在错误假设之上的决策，结果一点一点地把自己逼进了死路……麦肯锡要帮助客户免遭倒闭的厄运，就必须要找准问题……”。可见找准问题点是避免改善和决策误入歧途的不二法门。

关于“5W2H”调查分析法和“5Why”探究分析法这两个工具，主要是通过结构性提问来全面掌握信息，为准确的做出分析和判断提供依据，所以在提问过程中，我们会面临两方面的问题：对于提问的人，需要考虑问题的难易程度、提问的精准度以及提问方式和问题被接受的程度；对于回答的人，则表现为回答问题的意愿度（决定了他想不想回答）以及对问题的了解程度和明确程度（决定了他能不能回答）。基于这两方面的考虑，作为沟通者应在提问互动环节，需要遵守以下原则：

1、提问时语气要温和，避免在有情绪的时候进行提问，特别是关于“为什么”的问题尽量转换为“是什么原因”，特殊情况下必须要使用“为什么”的时候，一定要注意语气语调，避免给别人造成被质问的感觉。

2、刚开始尝试使用问题澄清类的工具时，对于信息的捕捉不可能做到特别准确，就要求我们保持一种不断尝试和练习的心态，不怕出错，在总结中学习，不断提高问题的精准程度。

3、思考力决定行动力，即一个人思考问题的方式、方向和深度以及重构问题的能力决定了他的行动程度，与“谁出了问题”相比“什么样的行动或解决方案”更能够落地执行和解决问题，沟通者需要学会通过有效提问来引发沟通对象的深思，让其就他要行动的事情有一个全面深刻的认识，并找到其行事的意义及行动的动机。

　　举个例子，之前有一位经营企业的朋友不知道在哪里学到了"执行力"这个概念，于是想对其企业中那些做事进度不太理想的员工，进行一次探寻，试图找到这些员工"执行力差"的原因。经过一轮的问答之后，并没有得到有效的答案，要么员工回答不上来、要么员工反驳他、要么员工直接说："老板你对我有什么意见直接说"。后来找到我，我问他："你是怎么探寻员工执行力差的呢"，他说："我直接问：'为什么你的执行力这么差'。"我说："这就是问题的关键所在"，我就他的问题做了个分析：这样的问题暗含评价和指责，如果说话的时候再不注意语气，基本上就变成了质问，需要将问题调整为'是什么原因使你的进度赶不上其的他同事'，并且要从工作意愿度（态度）、工作基本能力（技能）和工作对于他的意义（认知）三个维度进行探索，清晰员工的工作目标并找到障碍他行动的内在和外在原因，协助其制定一个可改善的行动方案或行动计划，然后在他落实行动的过程中给予相应的支持。与此同时作为管理者或家长一定要明确的是：员工或孩子的态度一部分来自于他对事物的认知，另一部分是来自于组织文化或团队氛围；能力或技能上的不足可以通过培训和刻意练习来提升；而认知则需要与他进行深度的沟通，如有必要可以让同事、家人或导师给其"照镜子"。"照镜子"可以从五个方面入手：一、给反馈，即别人眼中的他是一个什么样子、觉得他做得好的地方有哪些、有待改善的地方有哪些；二、做分享，让他分享自己是如何看待这件事的，让他听听别人对于同一件事物是怎么考虑的、怎么行动的；三、问感受，即听了别人的分享和反馈有什么样的感触、感受和想法；四、写方案，将需要调整的想法、认知或行为形成一个具体的、可执行的、可检测的改善方案；五、看行动，就改善方案不断的行动、复盘和总结，不断的自我完善和自律坚持，总结有效的和可行的部分，改善无效的和不可行的部分。

当我们对人、事、物有了纵横两个方向的思考和分析，对人和事有了全面的认识，在与人沟通中我们就能把握先机，知道如何掌控沟通节奏，有利于深度沟通的展开。我们在沟通中，通过纵横两个方向的提问和思考，除了了解和掌握信息，也可以起到情感链接、探索需求和引导结果的作用，需要我们注意的是：提问的核心和沟通的切入点取决于对方的关注点，而非自己的兴趣点或关注点。

在日常沟通中，我们还会遇到一种情况——你感觉对方说得很对，但你就是不舒服或者无论对方说什么，你就是想驳斥他。出现这种情况的原因是对方把事实、评判和情绪"打包"送给了你，这个时候也需要我们同时做"纵""横"两个方向思考，对"打包"信息进行拆解和区分，以便于搜集到有效的信息。我们可以从六个维度[23]来作区分：

（1）思维程序：模式与标准（思维模式、思考依据等）

（2）客观事实：事实与数据（实际情况、客观数据等）

（3）情绪情感：感觉与感受（情绪、情感等）

（4）消极思维：劣势与威胁（弱势、缺点等）

（5）积极思维：优势与机会（优势、亮点等）

（6）可行方案：创新与创造（行动、结果等）

举个例子，某部门负责人张山对着王武说："你今天又迟到了，怎么总是迟到?"，王武可能会在心里说："什么叫'总是迟到'，这周我才迟到了两回，人家刘大迟到了4次你都没说"。

经过区分，张山这句话包含了（1）（2）（3）（4），而缺少（5）（6）。我们来逐一剖析：（1）——标准是"做错事就该批评"、思维模式是"××人做错事我就要批评××人"，（2）——事实是"今天上午王武迟到了"和"王武本周迟到了两次"，（3）——情绪是"我对你迟到这件事很生气"，（4）——缺点就是"迟到损害的不单公司利益还间接影响其他同事的积极性"。这充分说明张山是在缺少（5）（6）的情况下做出的思考和判断，加上只看缺点和"指责"的思维，就形成了之前那句话。王武如果冷静思考就可以针对（5）（6）进行回答，他可以说："老大，您生气我能理解，毕竟我迟到会产生一些不好的影响（确定张山的情感、承认他的顾虑）"，"我迟到是因为我去见了客户，上次那个项目出了点状况需要及时解决"，对（5）做一个补充，"这样吧，我保证以后按时上班，如果遇到特殊情况，我提前给您打报告，你看怎么样?"，针对（6）做补充并完善了公司的管理。

张山如果能提前意识到自己的思考有所欠缺，也可以在开始时间："王武听说你这周迟到了两次（2），对你的行为我有点生气（3），我想知道你迟到的原因（2）（5），以及谈谈'迟到'会有哪些影响（4）和我们怎么样把工作做得更好（6）?"。需要注意的是：（1）一般是隐藏的，需要经过分析和推断才能发现，这里隐藏的思维模式是：××人工作没做到位，也有我的责任，需要我协助他找到问题的原因、清晰问题所产生的影响，然后我们共同来解决。

以上六个维度的区分，不分先后顺序，在不同情况下顺序不同，但六个维度缺一不可，缺少（5）（6）——人就容易"钻牛角尖"，缺少（4）（5）——就会变成"无头苍蝇"，缺少（4）（6）就会导致"迷之自信"。

总之，如果想要开展多元沟通就要求沟通者开启"上帝视角"，从前后、左右、上下、里外等各个不同角度对同一事物或同一个人进行全面的探索、感知、思考和分析，我们掌握信息越全面越有利于做出准确的判断，更容易通过沟通来实现共赢。还有以情绪为中心的表达方式不适合用这种区分工具，比如孩子生气的时候经常会说："我再也不吃饭了或和你玩了……"，这时候需要先标注他的情感，然后通过提问探寻其生气的原因，并给予正确的引导。当然成年人也会有这样的状况出现，需要沟通者注意识别。

练习十五：无论你是在育儿还是在管理中遇到了什么困难，选一个沟通对象，通过横向和纵向发问和探索对其做一个深度的了解，用六个区分来整理沟通思路，通过沟通共同协商解决方案。

关注细节深度链接

沟通的过程中，有些细节需要引起我们的注意。首先，我们时刻要注意自己是否在做有效的沟通；其次，随时注意沟通的氛围是否有变化；最后，语言措辞是否能让别人接受。

首先，时刻注意自己是否在做有效的沟通，在第一章讲过有效沟通的定义和一些影响有效沟通的因素，在这里要重点提醒的是几个有效沟通的行为，分别是：1、遇到问题之后尽快地进入状态，正视已经发生的问题；2、换位思考，站在他人角度思考问题；3、针对对方的顾虑，提出合乎情理的解决办法。其一，如果遇到问题不正视、消极对待，那么对方对我们的信任度就会降低；其二，如果我们一直站在主观的角度考虑问题，会让别人觉得你没有沟通的诚意；其三，如果对方提出质疑，而我们没有提供合情合理的解决方案，基本上合作就谈不成了，在事业、家庭、人际中的沟通都需要我们保持这份警觉。

其次，随时注意沟通的氛围的变化，在这里需要我们去关注沟通对象的进度和现状。什么是重视对方的进度？举一个切身的例子。如果一位许久未见的朋友突然打电话邀请你去很远的地方喝咖啡，有时候会不会有懒得动弹的感觉呢？但如果将见面的地点换成你家楼下的咖啡馆，对于你而言就会相对容易接受些。在这个例子当中，朋友邀请你去远处的咖啡馆相当于在你身上引发了一个很大的变化。另一方面，如果换成去你家附近的咖啡馆，在你看来不是太大的变动，相当于对方注意到了你的现状并予以配合。这是掌控节奏的基本要素之一，即给对方容易接受的内容或信息。就像我大学毕业那会儿，上午正在睡懒觉，同学约我去2公里外的网吧打游戏，我是懒得动的，但换做我家楼下的网吧就不一样了。

什么是重视对方的现状？

当我们同意某人的谈话内容时，往往是因为感觉自己受到了足够的尊重。正如把决定权交给对方，提供一个安全、安心的沟通氛围有多么重要一样，即使人类的大脑（意识）知道是正确的，若身体（无意识）觉察到危险，仍不会接受。

人类同时拥有想要变化的一面和想要维持现状的一面。在危险的环境中，维持现状的意愿就会变强。相反，当体验到安全时或当感受到丢失的东西不多时，想要变化的意愿就会变强。

当我们在做重大决定的时候，这一现象便会明显地表现出来。比如某些情况下虽然理智告诉我们想要根治疾病最好的方式是及时做手术，但是因为恐惧手术又迟迟不能下决断。

如果医生不容分说地表示："如果不做手术，病情就会恶化。"那么患者就会更加封闭。相反，如果患者问："手术是不是很可怕？"医生此时向患者表示发自内心的理解，结果又会怎么样呢？当患者觉得医生理解自己的情况时，便会打开"心门"。这便是配合对方的节奏。而且如果是做出这种反应的医生给出提案，患者即使害怕也还是会有接受的勇气。这便是引导。

世界著名作家、大思想家斯宾塞·约翰逊曾说过："这个世界唯一不变的就是变化本身！"[24]适应不断变化的心理世界和外部环境就是成长，这意味着我们要告别过去的自己，所以人们或多或少都会感到一些恐惧。因此，即使提出对所有人都有好处的改善意见时，首先希望大家不要否定现在的那个人的立场以及心情，并向其表示理解。希望我们不要从"为了对方考虑"这种自我的立场出发，强行要求别人做出改变。这个节奏的核心就在于尊重那个人现在的状态。如果仅仅是把"把握节奏"看作是"用于促成引导变化的工具"的话，就很难让其发挥作用，沟通当中真诚才是核心。

最后，语言措辞是否能让别人接受，沟通中文明用语和礼貌待人是基本素养，如果能做到合理的措辞组句的话，就会让人更容易记住和接受。当在沟通中我们向对方提出了建设性意见，但对方还没有意识到或者预见到其重要性。由于对待发展潜力或可能性有两种不同态度的人，一种是看见才会相信，一种是相信就能看见。这时就需要我们引导他们去行动，因为只有行动才会有体验，有体验才能看到更多的可能性。这里提供三种措词的方式以供参考：1、善用连接词汇（比如，顺序关系、时间关系、因果关系），2、借用隐含前提（让对方选择承认），3、提醒对方引发关注（比如，你是否注意到……）。

　　善用连接词汇，前面讲过一段超市管理者与员工的对话——"在你打扫完之后，考虑一下……"，就是用的连词，工作和家庭中都可以使用连词，我见过一个智慧的妈妈就是这样的，女儿在做手工，但到她写作业的时间了，这位妈妈先说："手工放一下，我们该写作业了"，女儿没有反应，妈妈又换成另一种提问方式："你这个手工还需要多久？"，女儿："一下下"，妈妈："一下下是多久？5分钟还是3分钟？"，女儿："5分钟"，妈妈："那我们5分钟之后写作业好不好？"，女儿："好！"这个案例就是用的时间连词，当然我们除了时间连词还有因果连词，比如冥想引导语会用到的"因为我坐在沙发上所以很舒服、很放松"，还有顺序连词——"宝贝，今天我们回家先做什么？再做什么？"（一般孩子都贪玩，将孩子的关注点引导到他需要完成的事情上面，培养孩子的自主性）。

　　借用隐含前提，以前我认识一位小学老师就很厉害，为了培养孩子们发现问题的能力，他经常问孩子们："你有很强烈的好奇心吗？"这个问题很具有艺术性，如果孩子们回答："有"，事情就变得简单了；但当孩子们说："没有"时，这句话就意味深长了（他回答没有很强烈的好奇心，但并没有完全否认自己有好奇心）。但当我们问："你有好奇心吗？"是没有这样的效果的。使用隐含前提，有时会潜移默化的影响他人。

　　提醒对方引发关注，使用"你是否注意到……"这类的句组，可以引导对方的关注点或焦点，从而让他发现自己不曾关注的东西，比如，"其实我们都很喜欢你"跟"你有没有注意到大家都很喜欢你"对一个人的影响力是不同的，当一个人觉得都不喜欢他时，我们告诉他："其实我们都很喜欢你"，他的焦点是在"不喜欢"上面，很难接受你说的话（前面讲过大脑单位时间里只能处理一些同质化或冲突不太大的信息）。但你提醒他"有没有注意到……"，间接性的承认他目前的状态，是引导他自己去发现"被喜欢"。如果跟连词使用又有不同的效果，比如，"你有没有注意到，你侧脸也很漂亮？"，这句话就更有艺术性了，既承认了她侧脸的漂亮，又暗含了她正脸的漂亮（虽然有可能她正脸并没有那么漂亮，但你没有否认她）。

最后，特别提醒的是以上这些工具都是建立在安全和信任的沟通氛围中，才有明显的效果，如果跟你关系不太和谐的人使用这些组句方式，他会对你进行逻辑评判，不但会屏蔽掉你所讲的话，还会嗤之以鼻。而且这些措辞方式只能用以善意的正向引导。如果用作负向引导，最终的结果是他人对你的信任度降低。

练习十六：想想孩子有没有需要培养的习惯、有没有想让另一半分担的事以及提醒同事需要改善的地方，选一项来做措辞组句的练习，记住一切的前提是先搞好关系，再引导变化。

总之，我们一定要在沟通中注意这四点：1、先人后事，2、目的导向，3、互动参与（包括问答、眼神、表情、身体动作等），4、3R原则（合适的时间、合适的地点、合适的方式）。

本节的作业是：找一件近期你需要突破的沟通对象，不论是育儿、销售、管理还是交友，根据本节提供的一系列工具尝试设计一个沟通方案。

第三节　处理期共识行动

前面我们讲过沟通是有目标和结果导向的，无论什么样的沟通，最后都要促成行动或合作。而在行动前我们就要有一个具体的行动计划或合作方案，这个"行动计划"或"合作方案"就是双方必须要达成共识的部分，这样才有后面的共同行动或督导执行。

促成行动或合作有三个重要前提，其中"平等关系"和"互动对话"是需要在整个沟通过程中持续保持的状态，而一个或多个具体的"行动计划"是我们必须要落实的，否则沟通很容易没有结果。

制定行动计划时，需要回答两个问题：第一，目标是什么？第二，怎么达成目标？，所以我们就要有两个配套工具：第一，清晰目标的工具（解决目标和目标进度的问题）；第二，指导行动的路径（解决怎么做才能实现目标的问题）。

首先，清晰目标的工具

先来了解一个清晰明确的目标应该具备什么样的特征？在这里给大家推荐一个国际通用的SMART原则：

S（Specific，具体）……所有人都能看懂要做什么

M（Measurable，可测量）……可转化为数值，可量化

A（Attainable，可达成）……设定可以通过努力达成的目标（难度不能过小或过大）

R（Relevant，相关性）……与组织及团队的目标相关

T（Time-bound，期限）……设定期限，限期完成

举个例子，某家具销售团队去年做了八百万业绩，今年行情又比去年好，计划全年实现业绩指标一千万。这里面，"业绩"是明确的（不是收入，也不是平均工资），"一千万"是可衡量的，"去年做了八百万业绩，今年行情比去年好"说明实现的可能性比较大，"一千万"与"八百万"和"家具销售"是相关的（这个例子产品单一容易聚焦，稍微复杂一点的产业，就要通过分析，筛选出关键指标，比如做品牌连锁公司，品牌推广度、代理商数量、客户满意度等指标都会影响公司的绩效），"全年"是有时间限制。

可以说，满足SMART原则的目标基本上算是一个比较明确的目标。那么，在公司或家庭里面怎么来落实这样一个清晰明确的目标呢？需要我们回答四个方面的问题[25]：第一，（G）关于目标设定的；第二，（R）关于现状分析的；第三，（O）关于方案选择的；第四，（W）关于该做什么的。

关于目标设定的的问题，我们有这些问题可以问：

你的目标是什么

如果你知道答案的话，那是什么

具体的目标是什么

什么时候实现

实现目标的标志是什么

如果需要量化的话，拿什么量化你的目标

……

当然关于目标的问题不止这些，我们可以根据具体情况随机应变，在沟通过程中对方可能暂时想不出来目标，这个时候可以去关注他的情绪，因为在生活和事业中每个情绪背后都会有没有被满足的需求，一旦找到了他的需求，基于需

求我们就可以梳理出一个或多个目标。

关于现状分析的问题，可以问这些问题：

目前的状况怎么样

你如何知道这是准确的信息

这是什么时候发生的

你都做了些什么去实现目标

都有谁和此相关？他们分别是什么态度

是什么原因阻止你不能实现目标

和你有关的原因有哪些

在目标不能实现的时候你有什么感觉

是什么令你行动或不行动、积极或消极等

其他相关的因素有哪些

你都试着采取过哪些行动

……

针对目前现状的提问的目的，主要是通过问题来做梳理，协助对方审查事情的进度，以便于看到离目标的差距在哪里，从而做出调整。

关于方案选择的问题，可以问以下问题：

为改变目前情况，你能做什么

可供选择的方法有哪些

你曾经见过或听说过别人有哪些做法

如果……会发生什么

哪一种选择你认为是最有可能成功的

这些选择的优缺点是什么

请陈述你觉得采取行动的可能性，打几分

如果调整哪个指标，可以提高行动的可能性

……

方案选择的问题能帮助我们，看到事情被推进的可能性，我们通过对现状和目标差距的分析，各项措施的比较，然后进行筛选，找到行动的方向。

关于该做什么的问题，我们可以问：

下一步是什么

何时是你采取下一步的最好时机

可能遇到的障碍是什么

你需要什么支持

谁可能对此有帮助

你何时需要支持，以及如何获得支持

……

有了一些行动方案之后，就要对具体行动和各种障碍进行分析判断，以便及时找到解决办法，从而形成一个周全的计划，对各个影响计划的因素进行判断和处理，然后落实到行动中。

总之，通过对这几类问题的梳理，基本上对我们的目标有一个清晰的认识，进而有效地指导我们的具体行动。

练习十七：

1、针对你近期的目标规划，设计一组提问，通过问答梳理出符合SMART原则的目标方案。

S：_____

M：_____

A：_____

R：_____

T：_____

2、找一个人做沟通练习，协助他找到自己的目标并为之行动。

G：_____

R：_____

O：_____

W：_____

其次，指导行动的路径。人类所有的活动都是经过两次创造而成，分别是先在大脑里构思，然后再付诸实践或者行动。比如，逛超市前会先思考'买些什么'再去买，修房子前会先设计图纸再修建。很多人经常说自己缺乏"执行力"、"懒惰"等，不是因为他们做不到，而是没有养成规划"行动路径"的习惯。仅仅在大脑里面"想"是没办法实现我们想要的，只有切实可行的行动步骤才能帮我们达成。一个行动的落地或者习惯的改变需要我们在心态、技能和认知三个层面上做到同步调整，这里推荐的工具就是"GPS"[26]，跟卫星全球定位系统（导航）是同一个缩写，当我们到一个陌生的地方，拿出手机打开导航，输入地址，然后只需要按照指示的路线走就可以了。对于指导行动而言，也是如此，我们需要有一个指导行动的"GPS"。"GPS"三个字母分别代表不同的意思，G（Goal）：一个目标、P（Points）：三个要点、S（Steps）：步骤（不超过十个步骤，步骤太多也容易让人望而却步，比如所谓的数学难题就是因为步骤太多令许多学生望而生畏）。

拿存钱来举例，我们许多人为存钱而苦恼，因为经常会出现年初规划、年底存款为0甚至为负数的尴尬局面。就是因为我们只有存钱的概念，而没有存钱的步骤。接下来，我们按照"GPS"来对存钱做一个步骤分解：

先想一下存钱对我们的意义是什么，并描绘出一个具有动力的"蓝图"，比如，年底想去夏威夷冲浪或者想买个智能机器人。然后设定"GPS"：

G：一个目标，存钱。定好存钱的金额与日期，"每月10号（发工资那天）存2000元"。

P：三个要点，决定优先顺序。第一位是"存款"，第二位是"生活"，第三位是"兴趣"。为了这个目标，"把存款的剩余用来生活，如果还有结余就用来发展兴趣"。

S：步骤，1、去银行开定期储蓄账户。2、每个月的10号，把钱转给定期账户。

这样我们就把存钱的"GPS"制作出来了，我们每个月按照步骤执行就可以了，这是生活当中的例子，对于工作也是一样的，做一件事先寻找它的意义再分解步骤。很多人因为事情比较多、比较复杂，导致其焦虑不安，使用"GPS"将思想转化为行动，不断的将想法变为现实，可以增强一个人的信心，同时起到缓解焦虑的作用。

练习十八：

1、近期你有哪些目标要实现，选一个出来，并制定达成的步骤。

愿景（蓝图）：＿＿＿＿＿＿＿＿＿＿＿＿＿＿

G：＿＿＿＿＿＿＿＿＿＿＿＿＿＿＿＿＿＿＿＿

P：＿＿＿＿＿＿＿＿＿＿＿＿＿＿＿＿＿＿＿＿

S：＿＿＿＿＿＿＿＿＿＿＿＿＿＿＿＿＿＿＿＿

2、你的同事或朋友有没有为做不到的事情而烦恼，通过"GPS"协助他做一个梳理。

愿景（蓝图）：_____

G：_____

P：_____

S：_____

本章通过对这三个板块的探讨，不难发现一次成功的沟通也是一次焦点转移的过程，在沟通开始前我们的关注点是在自己的感受和想要解决的问题上面，越到后面的沟通，我们的关注点就越向沟通对象和客观规律转移，而我们对他人的影响力也在这个过程中逐步地提高。

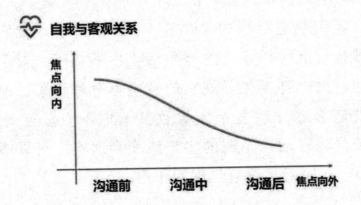

关于沟通工具的"三部曲"就到这里了，虽然讲了很多的工具或方法，依然要提醒大家的是：我们在沟通中不要试图只改变别人而自己不做出调整。因为力的作用是相互的：水在推动船前行时，也会有一部分的回流；车轮在向前滚动时，也会存在向后的摩擦力。沟通的双方是在跳一曲交际舞，只要有一方没跟上"步伐"，这"舞"是跳不起来的。

第三章 补充内容
——沟通中需要注意的细节

虽然我们在基础理论和实践工具当中将我们沟通中绝大部分的情况都囊括其中，但还是有一些内容是没办法写在这两个章节里面的，如果我们将整个沟通视为一个生命体的话，那么《基础理论》是他的"骨架"、《实用工具》是他的"血肉"而《补充内容》则是他的"神经"，他不像"骨架"和"血肉"那么明显，却又是不可或缺的组成部分，比如，情商在沟通中到底发挥着何等的作用、幽默诙谐会给沟通带来哪些变化、适时适度的赞美会让沟通变得如何以及哪些调整会对沟通效果带来积极的影响等，这些就像"神经系统"一样穿插于沟通的各个部分，使沟通变成了一个有机的整体。

第一节 情商在沟通中的具体表现

有这么一句话：一个人的成功，80% 靠的是情商、20% 靠的是智商。可见情商有多么的重要。情商的高低决定着一个人沟通水平的高低，那么高情商会有哪些表现呢？高情商一般体现在这五个方面：自知、自控、自励、自调和协调。

自知就是我们遇到事情，有正确的认识、能归结情绪的原因；自控就是任何时候能够实施自我监督、自我管理、自我疏导和自我约束；自励就是凡事能够做到自我激励、主动进取、求实坚毅；自调就是具备理解他人、换位思考的能力和习惯；协调就是可以妥善处理人际问题并与他人和谐相处。

"我是一切的根源"是高情商人的思维方式，情商高的人遇到困难首先想到的是："我能做些什么能让结果更好"，所以他们的关注点基本上都在"哪些事情是我现在能做到的"、"哪些事情是我通过努力能够实现的"和"哪些事情我可以间接做到的"，因而情商高的人具有很强的个人能力（自我意识和自我管理）和社会能力（群体意识和人际关系的管理）。

因而情商高的人在自信心、责任心、同理心、自律性、独立性、乐观精神、实事求是的精神、自我激励的能力、问题解决的能力、情绪管理的能力、抵抗挫折的能力和人际交往的能力上面都有很高的得分。

情商在不同的沟通情境中有着不同的体现，前面我们在讲沟通的改善方向时，提到了向上沟通、平级沟通和向下沟通。日常生活和工作中我们处于不同的沟通层级状态，导致我们会形成这三个方向的沟通。与他人的层级关系不仅仅是取决于我们如何看待别人，同时也取决于别人如何看待我们。比如，你打算跟一位朋友做平级沟通，但他是一个自卑的人，无论你说什么，他都会特别的敏感，这种情况下就会演变成上下沟通。对沟通效果产生影响的有身份地位因素，比如，上司与下属、父母与孩子、老师与学生、丈夫与妻子。还有供需因素、朋友因素和共事因素也会对其产生影响。沟通者在这些关系中沟通时，需要保持警觉，尽早发现沟通不畅及其原因，以便及时做出调整。

练习十九：尽可能多的写出与你相关的人，包括亲人、朋友、同事、同学等，并梳理出你跟他之间可能存在的上、平、下级关系。

上级：＿＿＿＿＿＿＿＿＿＿＿＿＿＿＿

平级：＿＿＿＿＿＿＿＿＿＿＿＿＿＿＿

下级：＿＿＿＿＿＿＿＿＿＿＿＿＿＿＿

如何处理好不同层级的沟通

以公司为例，首先，在公司里面向上沟通主要体现在与领导之间的沟通。在与领导打交道的过程中，我们如何把话说到领导的心坎里呢？可能有人会说："跟领导相处，当然是拍马屁呗。"其实，所谓的"拍马屁"，也要看是不是拍对了地方。在跟领导相处时，有的人会把"马屁"拍在了"马蹄"上，结果适得其反，比如说在领导面前夸赞"您真厉害，您是我心目中的偶像"。像这种浮夸、虚伪的奉承其实并不会让你的领导感到开心，反而可能会让领导觉得"这个人有些不靠谱"。当我们夸奖别人的时候，最重要的是情感真挚，那些没有任何诚意的假、大、空式的夸赞，只能让对方反感。只有发自肺腑、自然流露的真心话，才具有可信度；讲真话，才是正确的夸赞方式。按照这个思路，我们可以对领导说："您真的很自律，几十年如一日地坚持跑步，我要多多向您学习。"从细微之处发现领导的优点，比千篇一律的奉承要高明得多。如果我们的夸赞以这样的方式表达出来，就会让对方感受到你的诚意和用心。在跟领导相处的过程中，要注意多观察、多思考，落落大方，言语得体，这样才会显得你与众不同。在家庭中，向上沟通体现在与长辈和那些年龄比自己大一些的平辈（比如父母、叔伯、姨婶、哥哥、姐姐、嫂子、姐夫等）之间的交流，由于从小养成的与他们的沟通习惯，如果不做出调整会给人一种不成熟、没长大的感觉，因而要学会不卑不亢的同时保持尊重和坦诚。在社交中，向上沟通体现在与社会地位比较高的人之间交流，这些人由于身份、气场或其他原因，导致其身边容易出现阿谀奉承的人，有时候也期望有人能跟他平心而论。

其次，在公司里面平级沟通主要体现在与平级同事之间的沟通。特别是在一些模仿性组织当中有些老员工仗着自己工龄长、资历深，一个劲地压榨新员工，老员工把自己的工作推给新人做，而刚刚进入职场的新人也是敢怒不敢言。殊不知，这样的行为非但不利于同事之间的相处，而且可能会断送老员工自己的前途。因为有很多工作是需要同事之间相互配合才能完成的。不管是新入职的员工还是老员工，唯有与同事愉快地相处，才能让工作顺利地推进。在家庭中，平级沟通体现在与年龄相近的平辈或晚辈（比如夫妻、兄弟、姐妹、大侄子、大侄女等）之间的交流，与他们沟通容易以自我为中心，需要我们学会换位思考，真诚待人。在社交中，平级沟通体现在与身份地位相近的人之间交流，由于关系比较近，容易开一些不着边际的玩笑，影响自己的人际关系。

最后，在公司里面向下沟通主要体现在与下属之间的沟通。在与下属相处的过程中，我们要做到《论语》中的君子有三变："望之俨然，即之也温，听其言也厉"[3]。在工作上坚持原则、庄重严肃，在私交中态度和蔼，让人觉得如沐春风。好的工作关系是指大家像朋友一样善待对方。大学时期，我们班长就是这类人，上课期间对待学习一丝不苟，严于律己，放学后与同学们打成一片，不但学习好而且人缘好，每次选班长，大家都选他，大学四年一直连任。这可以说是一个管理者必备的基本素养。在家庭中，向下沟通体现在与年龄相差较大的晚辈（比如，子女、侄子、侄女等）之间的交流，容易出现评判、评价、指责和情绪化表达，需要我们警惕自己的情绪，多以身作则和肯定他人。在社交中，向下沟通体现在与自视过低的人之间交流，对这类人多以尊重和倾听为主。

现代社会有很多事情是需要人与人之间相互配合才能完成的。不管我们处于什么样的身份地位或人际关系中，唯有与其他人愉快地相处，才能让工作顺利推进、生活和谐幸福。

情商在沟通中还体现为说话幽默诙谐，我们经常会把一些说话幽默的人称为高情商的人，因为适当的幽默能够有效地缓解尴尬、调节气氛。美国心理学家赫布·特鲁说："幽默可以润滑人际关系，消除紧张，减轻压力，使生活更有乐趣。它把我们从个人的小天地里拉出来，使我们一见如故，觅得益友。它帮助我们摆脱窘迫和困境，增强信心，在人生的道路上知难而进。"在这里给大家推荐四种幽默方式：学会自嘲、准备笑料、反语幽默和夸张式幽默。

学会自嘲，我有位朋友是一位女性企业家，在一次企业家年会上面，她被邀请上台讲话，由于个子比较矮，如果她在站讲台后面，她看不见台下，台下的人也看不见她的脸，所以她走到了舞台中央，开场就说了一句："对不起，由于我'料子'比较短只能站在这里给大家讲话了"，使得在场很多人都笑了，瞬间将观众的注意力拉了过来，再加上她后面的讲话又特别的精彩，会议结束之后赢得了很多的合作机会。

从这里我们可以看出幽默是一种奇妙的沟通方式，当我们用它表达自己的意见时，往往更容易被他人接受。

准备笑料，这是一个既简单又需要长期坚持的事情，我是一个不太幽默的人，自从当培训师之后，就有人不断地提醒我：幽默一点，轻松一点。所以有段时间我为了培养幽默，经常会看一些笑话和相声，把比较好的段子记下来。

反语幽默，有一次，鲁迅先生的侄女，也就是弟弟周建人的女儿，问了鲁迅一个问题："你的鼻子为什么比爸爸的矮一点，扁一点呢？"鲁迅先生回答说："我的鼻子和你爸爸的鼻子原本是一样的，但是因为后来的居住环境不太好，到处碰壁，因此就比你爸爸的鼻子矮了一些，扁了一些。"鲁迅先生不仅巧妙地回答了小侄女的问题，还批判了当时令人"到处碰壁"的社会现实。使用反语幽默一定要注意分寸，我记得小时候，寄宿在叔伯家，有次我听到了一段两人对话——A："我看你最近胖了"、B："我还觉得瘦了呢！"，当时我感觉这句话很有意思，就记了下来，后来有人到我四叔家玩，看着我对四婶说："这小子最近胖了"，我就顺口答了一句："我最近还瘦了呢"，后来才知道当时弄得四婶特别的尴尬。

夸张式幽默，春秋时期，楚国有一个叫优孟的人。楚王有一匹爱马，马儿生前受到了皇族般的待遇，楚王把它养在宫殿之中，吃喝都是最好的。但是这样的日子并没有持续太久，马儿由于过度肥胖病死了。于是，楚王就想为马儿举办丧事，他召集大臣商量丧事应该如何操办，大臣纷纷献言表示反对楚王的这一荒唐行为。楚王大怒。这时，优孟提议以人君的礼节进行操办，不仅葬礼要办得风风光光的，还要为其建祠立庙。楚王听了优孟的话，羞愧难当，之后再也没有提过这件事。优孟面对君王的胡闹，不仅没有阻止，反而顺着他的意思做了夸大处理，这样反而使楚王察觉到了自己行为的荒谬，主动放弃了错误的想法。夸张式幽默也是我喜欢用的一种讲课方式，有时候是内容夸张，有时候是肢体动作的夸张，这样会让枯燥的课程内容显得生动。

当然幽默不止这四种，还有借力打力、一语双关等方式，如果大家感兴趣的话，可以在网上查找，选择几种自己喜欢的方式刻意练习。还有我们在与人开玩笑的时候一定要注意分寸，尽量不要针对人，特别是别人的缺点，真正的幽默不是在别人的伤口撒盐，而是让人感到舒适和温暖。自以为是的幽默，不仅伤害了别人的自尊心，还破坏了彼此之间的感情。所以在与他人相处时，最重要的就是要学会相互尊重。唯有相互尊重，友谊才能够天长地久。

练习二十：找一个熟悉的朋友在与他聊天时，在合适的时机任选一种或几种幽默方式加入到聊天里面，看看聊天效果。

使用幽默之后，你的沟通有哪些不同：＿＿＿＿＿＿＿

＿＿＿＿＿＿＿

情商在沟通中还体现为恰如其分的赞美，与人交往时，我们会发现，适时地夸奖对方，会使你们之间的谈话更加愉快。当然，赞美是有诀窍的，我们不能见女人就说漂亮、见男人就说帅，接触少、时间短不会有太大的影响，接触多、时间长了别人会认为你很肤浅。所以我们在赞美时应注意以下细节：

1、善意的迎合，善意地迎合对方不代表我们认同对方的看法，而是礼貌待人的一种表现。善意地迎合不是阿谀奉承，不是放弃底线，而是尊重别人自由表达意见的权利。在与朋友相处的过程中，意见不合是很正常的，但是我的一位朋友处理得就很智慧，从来不会直接反驳他人。她的身边有众多朋友，她能够跟每一个人都相处得特别好。有时，我就特别的好奇她是怎么做到的。后来我忍不住问她，她回答的是："有时候我并不赞同某些观点，但假如大家都固执己见，争来争去，最后的结局可能就是不欢而散。别人表达自己的看法和想法，其实就是想要得到认可。所以有时候善意的迎合才能使沟通继续下去。"

2、赞美要适度，有些人总是把赞美挂在嘴上，对所有的人都说着同样的话，这种高频率的赞美不仅不会让对方感到开心，反而会让对方对你产生不信任的感觉。比如见女人就说漂亮、见男人就说帅、见领导就说厉害等。赞美过头，就是奉承巴结。如果在对方并没有觉得自己与昨天有什么不一样的时候，你来一句"你今天比昨天好看"，反而不会让对方觉得高兴。因为你所说的话根本不能让对方信服，反而会让对方觉得你其实没有关注过他，只是装作关心的样子，这会破坏你在对方心目中的形象。适度地赞美他人身上的闪光点，能够让对方感到一种被关注的幸福。当我们的优点被认同的时候，或多或少的会心中窃喜，这是人的天性。所以，给予对方精准的赞美，更能让感情升温。

3、赞美要说到点子上，一位女生周末到同学家玩，开门的是她同学的父亲。为了给对方留下一个良好的印象，她信口夸道："张叔叔，你好。见到你真是太高兴了。张娜经常提起你，我们班的同学都羡慕她有你这样一个好爸爸。"还没说完就看到对方的脸红得跟关二爷一样。原来，张娜的父母离异，她一直跟着父亲，而父亲一直忙于工作没时间照顾张娜，自觉有愧。该女生的一通夸赞，没有起到赞美的效果，反而揭了对方的伤疤。这就是我们俗话说的"拍马屁拍在马蹄上了"，容易使双方都陷入尴尬的境地。

4、赞美要发自内心，虽然赞美能给人带来美好的情感体验，但是只有发自内心的赞美才能够达到这样的效果。例如，对方让你对他穿的衣服发表意见，你头都不转地说一句"挺好看的"，尽管这时候你可能在忙其他事情，但这样不经过思考的赞美，很明显是在敷衍对方，会让对方感觉不被尊重。这样的事情在生活中时有发生，也是很容易被忽略沟通细节，以自己很忙为借口应付过去。一件微不足道的事情，却可能对你们之间的关系产生不利的影响。所以，当你没时间回应对方时，可以直截了当地说明自己正在忙，对方如果想听你的意见可以让其稍等一下，而不是不负责任地应付了事。只有发自内心的赞美才会让对方有认同感。比如说，"这个项目你做得很好"与"在这个项目中，你格外细心，做了充分的准备工作"相比，前者明显缺少真实感，让人感觉你就是那么随口一说。只有发自内心的赞美，才能让人感到诚意，才是有效的沟通。

5、在对比中赞美，能让对方获得一种成就感、自豪感。比如，某餐饮连锁秉承"顾客就是上帝"的服务理念。他们的服务人员会细心地照顾每一位顾客的情绪、在顾客还未要求提供服务时，服务人员就已在第一时间主动上前询问顾客的需求。正是这种"令人无法拒绝"的贴心服务，让这家餐饮公司在同行业中脱颖而出，成为餐饮行业的领军品牌；也正是这种找不出缺点的五星级服务，他们的服务人员收到一个又一个好评。曾经有一位顾客这样评价："在别的地方，我有需求时，喊半天才会有人过来提供服务。然而在这里，只要我一个表情，就会有服务员主动上前询问。"正是顾客的认同和赞美，他们的生意更加兴隆。在对比中给予的赞美，更具有说服力，具有强大的激励作用。对比赞美，除横向对比，还有前后对比，比如教育孩子说："我发现你今天写作业的效率比昨天还高"（这样既肯定了之前的成效，又让孩子觉得有进步）。

总之，赞美是一场没有成本的投资，一句赞美的话语，就能让对方放下戒心，敞开心扉。不要吝啬我们的赞美，真诚的赞美不仅可以成为双方交流的润滑剂，更能提升彼此之间的好感度、信任度、亲密度。

练习二十一：与人沟通中在适当的时候给予赞美，看看沟通氛围有什么变化？

使用赞美后，你的感受：_____

_____

情商还体现在处理意见分歧，我们经常会遇到意见分歧，比如，夫妻买东西意见不和，孩子非要买某个玩具父母不同意，公司做决策时意见不统一等。这些情况下，不要不经思考就火急火燎地忙着解决，但也不要拖得太久，待情绪稳定之后，要理性地分析，果断地解决。消除意见分歧有四个步骤：

第一，正视已经出现的问题，当问题出现的时候，有的人视而不见，习惯性地冷处理；有的人则自欺欺人地安慰自己："这只是一个小问题，过段时间就好了。"心理学研究表明，当人们在心理上抵触某件事情的时候，就会下意识地逃避，从而采取一种不愿沟通，抵触交流的态度。而解决分歧最重要的一步，就是正视已经出现的问题。只有正视已经出现的问题，才会使沟通成为可能。

第二，确定沟通的目的。在还未开始沟通之前，自己首先应该明确这次沟通需要达成什么目的，也就是你想要通过沟通解决什么问题。有了目标，才能少走弯路。没有明确的沟通目的，也就意味着谈话没有重点，只是在陈述观点，表达情绪，这样就算不上是有效沟通。沟通并不是一个人的独角戏，而是需要两个人共同完成。在沟通过程中，要时刻谨记自己的沟通目的，以沟通目标为导向，这样才能够保证两个人掌控好自己的情绪，心平气和地进行协商，而不是再次制造矛盾。

第三，采取适当的表达技巧。沟通不是简单的聊天，有时需要我们"会说话"。能否达到良好的沟通效果，关键在于是否能够在合适的场合说合适的话。有时候，我们明明想要表达关心，说出口的话却像伤人的利剑。如果不懂表达技巧，说话口无遮拦，那么不仅不能化解矛盾，反而会使矛盾加深。

第四，有情感地表达自我。在沟通的过程中，无论是语言表达还是非语言表达，都不能冷冰冰的不带感情。态度冷漠会影响双方的沟通质量。当双方出现分歧的时候，必须尽可能地调动面部表情、语气语调、身体语言等手段，充分表达自己的诚意、善意。唯有如此，才能化解矛盾、消除芥蒂，使双方的关系回归正常的轨道。

举个例子，我们经常会遇到一些特殊情况的发生，导致事情偏离了原来预定的轨道，比如，答应了孩子放学接他，却因为加班无法履行承诺；答应了老婆下班准时回家，却因为工作很晚才回家；合作的双方因为一些突发状况导致项目叫停等。

总之，通过沟通去消除分歧是最好的办法。双方只有相互沟通了解之后，才能够站在对方的立场上思考问题，才能够明白对方的感受。有了解才有默契，有沟通才有合作。

练习二十二：近期你与家人或同事是否遇到了一些分歧，可以采用以上要点构思你的沟通，尝试去消除分歧。

情商在沟通中还有一种表现就是细致而不敏感，由于每个人的身体条件不同、人生经历不同、认知程度不同，对事物的敏感程度不同、对信息的敏感程度也不同。我记得有一次在四川某大学里面上创业课的的时候就遇到这么一位特别敏感的老师，正值秋季，我和他住同一间宿舍，由于校园里面植被丰富，蚊子就特别多，我一般不太关注蚊子，因为被咬之后皮肤不会太痒，不影响我的睡眠。但这位男老师就不同了，只要有蚊子的声音，他就整晚的睡不着，特别夸张的是有一晚看到一只蚊子停在我的床头柜上，他直接从他的床上跳过来，非要打死那只蚊子不可，这是在对待事物上面。对待信息也是如此，不论是事件的反馈还是他人的话语。有些人知道了别人在背后议论他（包括指责、嫉妒诽谤等），就会觉得自尊心受到了伤害，更严重的会导致晚上睡不着觉；而有些人就算知道有人在背后议论他，也觉得无所谓。某些人对别人的话语特别的敏感，而另一些人则不那么敏感。之所以会存在这样一种现象除了性格的原因外（内向型人格相对比外向型人格要敏感一些），还有就是我们的关注点，在意自身感觉感受（焦点向内）的人与在意目标结果（焦点向外）的人相比，前者会显得更加的敏感。所以"不敏感"就体现在能智慧的处理各种人际关系，面对责骂也好、嫉妒也罢能泰然处之，不放在心上，专注于追求自己的目标。如果暂时没有目标可以转移自己的注意力，我们也可以尝试一下大智若愚或难得糊涂的方式，以一种上帝视角俯瞰众生的心态去看待人和事，面对诽谤、责问、谩骂和流言蜚语也会显得淡定从容，正所谓："谁在人后不说人，谁在人后无人说，红尘闹市争热饭，何惧闲人语二三？"

那么"不敏感"是不是就要求我们在沟通中表现为麻木不仁、无所作为呢？当然不是，"不敏感"不等于麻木，用《道德经》里面的一句话来回答："图难于其易，为大于其细"[12]。沟通和做事是一样的，影响我们达成目标的是对沟通细节的把握程度，而这里的"细节"指的是沟通中对目标、过程、内容、情感、情绪等元素准确的拿捏，一般在沟通中处理情感情绪的原则是先看他人的需求、他人的情感，同时再兼顾自己的需求、自己的情感。这样的顺序才能使我们的沟通从容不迫游刃有余。

总之，在沟通中，太过敏感会很容易让自己掉入到情绪之中，一旦情绪产生就会让自己陷入不利于沟通的状态，"细致而不敏感"是保障沟通顺畅的基本条件之一。

练习二十三：最近在人际交往中你是否有情绪的产生，你敏感的事情是什么？我们调整到什么状态才有利于沟通？

敏感的事：_____

沟通状态：_____

第二节　营造氛围需要注意的细节

我刚从事心理咨询时，有一位老板朋友，因为要去和另一个公司谈判，向我询问意见。有一次他谈判结束之后，找到我，于是我问他："谈得怎么样了？"，他说："我们聊得挺开心的"，我又问："结果呢？"，他说："氛围好就行了"。沟通的氛围确实很重要，但如果一直停留在"氛围好"这个阶段，就有待思考了，我们在用什么模式在与人谈判或沟通。无论是谈判还是沟通，我们都是以结果为导向的，如果"结果"一直没出现，就要反思一下：我们到底是去聊天的还是去沟通的，聊天与沟通有很大的区别：聊天是千变万化的，而沟通则是有中心的；聊天的目的是不明确的，而沟通是相互了解的过程，目的性非常明确。所以一个优秀的沟通者，需要具备这样的意识，即在不同的场合知道应该说什么、怎么说和对谁说。所以我们在沟通中要时刻警觉自己的沟通是否"跑偏了"，我是在聊天还是在沟通？

练习二十四：近期你要跟某人沟通之前，先给自己设计一个提醒工具，以避免在沟通中偏离主题（有些人喜欢在会议室挂一些关于心性方面的字，比如"忍"、"等"、"停"等；有人则喜欢在笔记本上写一些提醒的语句；而有人喜欢用装饰品，目的是时刻提醒自己要在相应的状态下做某事）。

沟通中还有个细节就是谨言慎行，以前我上班的地方有一位办公室的热心老大姐，为人热情，乐于助人，尤其是喜欢帮公司的同事介绍对象。我们部门有一位三十多岁的女同事，老大姐给她介绍了好几次对象都没成。一次闲聊时，大姐一着急就感慨道："三十几岁的人还不结婚，不是身体有问题，就是心理有问题。"她说这话的时候女同事正好进来。女同事说："我怎么就有问题了，大姐，你这么说话合适吗？"大姐听到女同事的诘问，自己也觉得说得过分了，连忙解释道："小王，我不是说你，我是说男的，男的不结婚肯定有问题。"说完，她才想起办公室里还有一位快四十岁的男同事至今未婚。那位男同事默默地看了大姐一眼，没说话，转过头继续工作，现场变得十分尴尬。所以我们在说话时一定要注意三点：

首先要明白，话不在多而在精。大多数人对于沟通或多或少会有一些偏见，认为一定要"多说"才更有利。殊不知"多说"在很多时候意味着"多错"，非但不会为你的形象加分，反而会让他人认为你这个人太聒噪。

其次，懂得换位思考。我们处理事情的时候，多站在对方的立场上思考问题，不仅会让对方在跟你接触的过程中感受到温暖，还会让彼此之间的距离越拉越近。

最后，不要随意评价他人。人们或多或少都会听到一些议论和评价，好的评价自然会让我们从他人身上找到认同感，从而让我们有信心、有力量做更好的自己。但是，一些负面的评价会让我们不自觉地陷人自我怀疑的深渊。正所谓"己所不欲，勿施于人"，我们自己会因为被他人恶意地评价感到痛苦，同样的，他人接收到我们恶意的评价时也会如此。因此，我们在对待他人的时候，要保持一颗善良的心，不要随意对他人指指点点。我们温柔待人只是关乎于自己想要创造一个什么样的沟通环境。可能有时候你只是发发牢骚，但是这些话正好被当事人听到，便会让对方产生一些负面情绪。如果对方因为这件事情对你怀恨在心，可能在之后的生活和工作中会带给你一些麻烦，所以在说话的时候不要逞一时口舌之快，不要随意评价他人。

总之，我们一定要明白"病从口入，祸从口出"这一道理，在与人交往时，说话一定要严谨，要牢牢把握好说话的尺度，要敏于事而慎于言。只有这样，我们才能保证自己不会因为说错话而得罪人。

练习二十五：对你最近的一次沟通做个总结，看看自己哪些方面还有待调整。

在沟通中我们还会遇到"说错话"的时候，在某电视剧[27]里有一段夫妻对话，两人本来各自在忙自己的事，老公突然来一句："给你提个醒啊，少把脑袋往××项目上伸，小心把脑袋挤扁了。"他老婆一下情绪就上来了："你什么意思？让我回来，是听你训话的吗？"老公解释道："给你提个醒，少跟××人来往。"他老婆更生气了："你们这个项目用了我们银行十几个亿的贷款，我不跟他来往，跟你来往不合适吧？"。其实他们讨论的这个人由于经济犯罪已经畏罪潜逃了，老公只需要传递这一事实就可以了，但由于老公说错了话，弄得彼此都很不愉快。对于沟通而言，我们要有这样的心态，即"沟通无对错，只有到位与否"，当误解出现时，一定要警觉到自己沟通不到位的地方，并从说话人（阐述观点的一方）和听话人（获取信息的一方）两个方面来着手解决。

从说话人出发，不仅要确保对方听到，还要让对方听懂。信息在传递过程中，本来就存在误差。从我们"想的"到我们"说的"，其间信息就已经有所变化。所以在发送信息时，要简单明了、精简直接、意思明确。

从听话人出发，只有准确地接收到对方传达的信息，才能够采取相应的行动。在职场中，命令大多是上传下达的，能否准确无误地接收信息决定着任务能否顺利完成。在家庭中，传达不精确，往往导致夫妻矛盾升级，或孩子听不懂而影响行动（如第二章中"让孩子拿筷子"的案例）。在管理中，传达不精准，容易导致"执行力差"的假现象。

所以，当双方之间的沟通出现问题时，我们不能说是哪一方的错误，更不能相互责怪。需要积极关注到沟通是否错位，并做出及时调整。

沟通中"承诺"也很很重要，以前我做过一对夫妻的咨询，夫妻俩约定好丈夫要晚上8点前回家，可是连续好几次，丈夫都没有按照约定执行，导致夫妻矛盾升级。在工作中可能也会遇到类似的情况，比如未按约定执行。那么这类情况我们怎么处理呢？以上述夫妻感情为例，丈夫之所以好几次没有按时回家，是因为他对晚上8点前回家理解的是：公司没事的话就准时回家，有事可以晚一点。而妻子对这件事的理解是：无论发生什么事都必须8点前回家。有时候公司开会也是如此，通知2点开会，到底是2点会议正式开始还是2点签到，每个人对时间的理解不同，对会议的重视程度也不同，导致迟到层出不穷，这些或多或少存在着沟通不到位。其实沟通不到位，双方都有责任。一味地去怪罪对方，只会让矛盾激化。冷静地梳理双方需要沟通的关键点，分析一下是在哪个点上出现了认知错位，然后从头再来，进行二次沟通。如果经过一番努力，沟通仍以失败告终，那么就要认真分析失败的原因，避免以后犯同样的错误。其实不论沟通是否到位，都需要进行分析、总结，找到自己在传递信息和接收信息过程中的不足，及时地进行调整。关于承诺，一定要注意，被认定为失信之后，通过真诚沟通消除了误解，就一定要说到做到，否则会彻底失去他人的信奈。

总之，在与人沟通的过程中，出现问题在所难免，即使沟通不到位，也不可破罐子破摔。亡羊补牢，为时未晚。及时地进行补救和修复，才能从根本上解决问题。

再有就是沟通中的"谎言"。在沟通中能否说谎，历来有很多的争论，毕竟经常有人把"诚信"和"说谎"放在对立面，有人认为绝对不能说谎（站在"诚信"的角度），有人认为适当的说谎是可以的（站在解决问题的角度）。这里有一个案例：

小美的脸在一次车祸中被划破了，缝了好几针，看上去有点恐怖。爱美的她有些接受不了，天天在家里哭泣，情绪也越来越消沉。

朋友小王去看望她，看到她颓唐的样子心里很难受，于是安慰小美说"你的脸上虽然缝了几针，但伤口不是很深。等伤好一点了，你可以做个去除疤痕的美容手术，这种伤疤应该能消除的。"

"真的能消除吗？你确定吗？"小美迫不及待地问小王。

"当然了。"其实，小王也不是很确定，毕竟她不是专业的医生，但是，为了让小美重新振作起来，她只能说谎："我之前有一个朋友，出了事故，脸上也缝了几针，她做了美容手术之后没有留疤。"

听了小王的话，小美不再沮丧，开始积极地查找相关的医院，做了美容手术。虽然她脸上最后还是隐约留下了一点伤疤，但她已能坦然接受了，而且化妆之后完全看不出来。后来，小王告诉小美，其实自己并不确定她的伤疤能否治好，当时的谎言只是为了让她振作起来。小美对小王善意的谎言不仅没有责怪，反而非常感激她。

由此可见，小王在小美恐惧和无助的时候，说了一个谎言，我们可以看出来，小王是出于善意的目的——想让小美从车祸的阴影中走出来。后来，就算小美知道了小王说谎了，她也很感激小王。因此善意的鼓励反而更有助于问题的解决。善用善意的谎言，不说恶意的谎言，可以有效地推动人际关系的良性发展。而且合理使用善意的谎言可以激励士气、安慰他人、调节气氛，非常有名的典故"望梅止渴"就是如此。当我们不可避免的要说一些善意的谎言时一定要注意：

首先，善意的谎言源于内心的善良，所以要说得不动声色，要说得像真话一样。有的人在说谎的时候，不敢直视对方的眼睛，眼神飘忽不定，并且会不自觉地提高自己的声音。殊不知，太过刻意的说话方式会让对方以最快速度调动起本能的防备心理，这样在你刚开口时，对方就已经知道你在撒谎了。所以，善意的谎言需要说得真诚，只有这样才能够让对方相信。没有诚意，说得再动听，对方也觉得你在故弄玄虚或者虚与委蛇。

其次，善意的谎言要说得合乎情理。人们大多时候是感性大于理性的，所以当我们想要去安慰对方时，不要忽略了语言的合理性。只有说得合乎常识，合乎逻辑，合乎语境，才不会破绽百出。

最后，使用善意的谎言一定要注意分寸，更要注意方式方法。

调查表明，在人际交往中，谎言是人们最讨厌的东西之一。但是对于善意的谎言，大部分人是能够接受的。还有是不是善意要看对方的标准，一旦对方认定你是在撒谎比误解更难消除。

总之，在沟通中，善意的谎言在特定的情况下可以说，但不能说弥天大谎故意去欺骗他人。否则，谎言一旦被拆穿，后果很严重。

本节的作业是：对你近期的沟通做一个总结，针对可能会出现的沟通问题，设计一个改善的方案。

第三节　容易导致沟通失败的因素

有些人在沟通的时候，不知道怎么回事就把人给"得罪了"，感觉自己又没说错话，此时就需要我们对沟通过程做一个复盘，看看自己在沟通中是否做了一些破坏沟通氛围的事情，以便下一次沟通的时候做出调整。

沟通当中出现误解也好、冲突也罢，主要是因为沟通本身存在着两极性，也就是沟通双方在观点和立场不一致时容易对立，只要有一方是"以自我为中心"在沟通，双方就很难达成共识。

·沟通立场的两极性

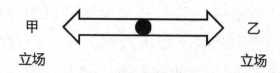

甲立场　　　　　　　　　　乙立场

有一次，我们公司与另一家公司谈合作，对方始终都是以一种居高临下的姿态在与我们谈判。在整个谈判过程中对方态度傲慢、盛气凌人，丝毫没有听取我方意见的意思，全程表现得毫无诚意。结果显而易见，这次谈判不欢而散。"以自我为中心"的思考方式，会导致事情得不到有效的解决，甚至严重影响人际关系。很多时候，以自我为中心不可避免，要看我们是否有解决问题的意愿和达成沟通目标的使命，如果有这样的意愿和使命，是可以通过刻意练习来让自己在沟通时避免情绪化和自我中心化。有三种方式可以克服"自我中心"：

首先，要学会从小事做起。习惯并不是一朝一夕养成的，而是要慢慢培养，想要改变以自我为中心的行为方式，我们可以从小事做起，从关心身边的人开始，一点一点地改变。例如，在生活中，夫妻双方可以交换着做一些事情，比如家务、做饭、带娃等。这些都是我们在生活中容易忽视的，有时候在某些事情上习惯了他人的给予，却忘记了付出给他人，比如习惯了只吃饭不做饭的人在评头论足时却忘了他能享受的前提是别人辛苦的付出。在享受别人对自己的爱的同时，也能够爱他人，这样的关系才是和谐的、温暖的。在与他人相处的过程中，我们要学会理解、尊重、关心、帮助他人，只有从小事做起，推己及人，才能够学会待人处事之道。在工作中也是如此。比如在办公室看到一杯放在桌子边缘的水，有的人觉得无所谓，反正也不是自己的东西，即使摔落在地也跟自己没关系。这样的想法不是与人相处之道。无论这件事情是否与你相关，只要搭把手便可以做件好事，何必吝啬你的付出？我们常说"赠人玫瑰，手留余香""给他人方便，就是给自己方便"，从小事做起，换位思考，关心他人，这样才能拥有更多的朋友，建立更广泛的人际关系。

其次，锻造"大我"。有时候自尊心太强，容易让我们陷入到只关注个人感受，从而陷入自我封闭之中，深陷以自我为中心的状态之中。自尊心太强是多方面原因造成的，如家庭原因、社会原因等。适度的自尊能够让我们正确地进行自我评价，更好地认识自己，但是过度的自尊就容易让人变得视野狭窄、目光短浅。过度自尊的人刚愎自用，思维方式和行为方式往往以自我为中心，一叶障目，不见森林。以前我在跟人交谈的过程中，总是用自己认为正确的大道理去教训别人，喜欢将自己的做事方式强加于别人，后来碰壁多了才发现某些方法或许适用于我，却未必适用于其他人。从一个旁观者的视角为朋友分析是非对错固然是一副热心肠，将心比心当我们遇到烦心事的时候，肯定也希望身边有一个能够感同身受的人为自己出谋划策。但当时自己阅历尚浅、不会换位思考、不能与他人感同身受，甚至根本不考虑对方的感受。喜欢站在道德和道理的至高点，劈头盖脸地将他人数落一通，继而搬出自己的那套处世哲学，试图把所谓的真理强行塞给别人，让其照做。结果不仅没帮别人解决问题，反而使对方心烦意乱，无所适从。弄得有一位朋友至今都不愿理睬我，即使我已经进步了很多。我们可以通过多种多样的方式来扩大格局，比如见识各种不同的风土人情、阅读不同类型的书籍、多听听他人不同的见解等。当然我们也可以在沟通中扩大自己的格局，特别是当别人提出的想法或意见让你感到不舒服或者与你的观点相冲突时，不妨静下心来想想其合理性，这样你就为自己打开了一扇窗，去看看别人的世界是怎样的，久而久之，你就会发现切换视角看待事物变成了一件轻松的事情，就不会局限于狭隘的视野。

最后，加强团队意识及合作意识。团队是一块很好的试金石，一般以自我为中心的人，很难信任他人。他们习惯了事事亲力亲为，却忽视了"独行快，众行远"。一个人的力量终究有限。俗话说"一根筷子易折断，十根筷子抱成团"，团队合作才是无往不利的法宝。一个管理者，如果事事都亲力亲为，必然会顾此失彼，效率低下。现代社会，人与人之间只有分工合作才能使时间、资源的利用率实现最大化。普通员工也只有在相互扶持下取长补短，才能更好地实现自身价值，推动企业发展。

如果你是"锤子"，那么看谁都是"钉子"。"以自我为中心"是一种相对局限的思维方式，而为人处世更有效的是"双赢思维"，一种既考虑自己也能兼顾别人的思维方式，要做到双赢是比较困难，因为要让一个人放下成见或想法，站在一定的高度同时去看自己和他人。由于我们从小到大绝大部分时候谈论的都是"输/赢"，导致我们很容产生"输/赢"的想法，忽略了"双赢"的可能性。因为沟通是为了解决问题或达成目的，所以沟通中谁发现了双方的"共识点"，谁就抓住了"双赢"的机会。

· 沟通立场的两极性

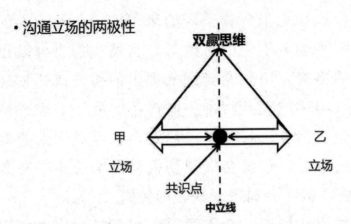

总之，在谈判或沟通过程中态度傲慢、盛气凌人，丝毫不听取他人的意见，全程表现毫无诚意，那么结果显而易见。

沟通中还有一个大忌就是"冷暴力"。在一部电影[28]里面有一对中年夫妻，丈夫与妻子无话可说，回家就只顾着忙自己的，女人气不过就把男人喝水的杯子摔碎了，男人就用碗喝水，然后女人又把碗摔碎了，男人就用瓢喝水，既不跟女人争执也不多说一句话。男人跟邻居能够和颜悦色的说话，就是不跟女人互动交流。后来，有一天男人刚进家门就看见女人跳进了水井，男人大呼女人的名字，哭得撕心裂肺，但再也听不到女人的声音了。

在恋人、夫妻或者同事、朋友之间，"冷暴力"时有发生。你不知道对方为什么就不理你了，跟你有关的事情不再关心。对方的敷衍让你不知道该如何应对。面对这种冷暴力，度过的每一天都是煎熬。任何冲突的发生，消极的冷处理不会让事情随风而过，反而会加剧问题的严重性。当出现这样尴尬的局面时，需要一方先打破僵局，放下身段，主动与对方沟通。

首先，找出问题所在。事情之所以会发生肯定是有原因的，只有耐心地找到问题的症结所在，才能够真正地解决问题。当双方的关系变得冷淡的时候，一定要在最短的时间内开诚布公地谈一谈。问题一直拖着，不仅对两个人的心情会有很大的影响，而且双方的关系也会越来越僵，最终使问题被无限放大。所以，我们要在问题出现的第一时间去努力寻找解决的办法，敷衍了事、得过且过，这样的态度是不可取的。

其次，改变沟通方式。比如夫妻情感问题，男方忙于工作，女方可以通过一些暖心之举打动对方：准备营养丰富的早餐和晚餐，让对方感受到你的关心，以柔克刚；反过来，男方也可以创造一些惊喜给女方，使双方从不良情绪中跳出来。等到两人和好如初后，再找个机会针对这段时间发生的事情好好谈谈，让对方知道你的委屈，避免以后发生同样的事情。生活不是一成不变的，沟通也是如此，为了让彼此的关系更和谐，做出一些改变是必要的。

最后，真诚待人。真诚是最有效的沟通技巧。"精诚所至，金石为开"。真诚说起来简单，要持续做到却是一件不容易的事。

总之，在与人交往的过程中，不要敷衍。心不在焉地敷衍，用冷暴力逃避问题，不仅是一种失礼行为，也会给对方造成很大的伤害，而且会使双方的关系出现裂痕，很难修复。

沟通中传递负面情绪也会影响到人际关系，"踢猫效应"讲的就是这种现象。如果一个人总是将自己的负面情绪传递给身边的人，那么受其影响，周围人的负面情绪也会越积越多。不管是生活还是工作中，负面情绪都会使我们深受其害。所以，无论何时何地，我们都要学会管理好自己的情绪，学会合理地释放自己的情绪。当负面情绪出现时，我们要及时排解，而不是放纵或压抑。当负面情绪积累到一定程度的时候，人会因为承受不住压力而爆发，此时的我们很难控制自己的言行举止，不仅伤人，还会伤己。携带负面情绪的人，随时随地都会有内心崩溃、无法自制的可能性，而且这也会影响到周围人的心态，使得这个人的四周弥漫着浓浓的烦躁气息。

所以针对负面情绪我们要学会及时处理，处理负面情绪有三个基本原则：

首先，保持冷静。当不良情绪出现的时候，使自己快速冷静下来并以一个平静的心态去面对，才是最有效的解决方案。电视剧里的刘邦就做得很好，韩信打齐国一直打不下来，后来派使者跟刘邦说让其给自己封一个假齐王，刘邦勃然大怒，这时萧何踢了刘邦一脚，于是冷静下来说："要封就封个真齐王，谁给他封个假的"。那么如何才能快速地平静下来？我们没有像萧何一样的人物随时来踢我们，行之有效的方法就是深呼吸，在呼吸之间，压力会找到发泄的出口。只有当负面情绪得到排解，我们才能冷静地处理那些棘手的问题。比如说，在商业谈判的过程中，因为无法对谈判条款达成一致意见导致谈判双方闹翻的事例十分常见。在谈判中，出现矛盾和分歧是不可避免的，如果这时候只顾着发泄个人情绪，那么这场谈判注定会以失败而告终。在重要的时刻，只有保持平静的心态，才能对形势做出准确的判断，才能应对自如。把负面情绪带入工作当中，只会火上浇油，搞得一团糟。

其次，管理情绪。情商高的人在沟通中会特别注意自己的情绪表达。情绪表达跟言行举止一样，会在不经意间向对方透露一些信息。所以，我们在与人沟通的过程中要做好情绪管理。当我们遇到棘手的难题的时候，一定要做到克制、冷静、处变不惊，掌控好自己的情绪。这样既可以让自己在沟通中彰显良好的修养和人格魅力，也能够给双方足够的时间进行思考，从而都有机会针对沟通内容做出调整，以便达到沟通目的。只有情绪稳定，才不会使沟通偏离方向。

最后，乐观向上。乐观的心态能够让我们的思维更开阔，并拓宽我们的心胸和视野。当问题出现的时候，如果我们只是从消极的方面去看待，那么只会陷入无尽的失望和悲伤之中不能自拔；给自己积极的暗示，尽量往好的方面想，往往能够激发出我们的潜能，迎来转机。保持积极乐观的心态，是抵抗负面情绪的重要法宝。在向人传递快乐的同时，你也会变成一个幸福快乐的人。如果你把别人当作宣泄负面情绪的垃圾桶，那么人家只会讨厌你，远离你。

每个人的情绪都有起起落落，当负面情绪出现的时候，情商高的人会做好情绪管理，而不是喋喋不休地抱怨，将负面情绪传递给周围的人。怨妇似的唠叨不停，只会让自己变得可怜、可笑、可厌，毁掉苦心经营起来的人际关系。

总之，无论在什么时候，都应该控制好自己的情绪，不将负面情绪传递给别人，不把他人当作自己倾倒负面情绪的垃圾桶。

沟通中的"诚信"也很重要，与人交往中一旦丧失信誉，再想建立信任关系是非常困难的。正如《道德经》里面讲的："夫轻诺必寡信，多易必多难。"有时候我们出于情面或者善意，答应了一些事情，但如果轻易许诺而又做不到的话，不仅会影响彼此之间的关系，也会影响你在大家心目中的形象。所以，在承诺之前要评估自己是否能够做到，如果做不到，不妨坦诚相告。在许诺之前，要合理规划时间。承诺一般都是针对未来的某件或某些事情，那么我们在做出承诺之前，应该要核实自己的时间安排。如果承诺的事情，在时间允许的范围之内，并且你有能力很好地完成，那么你可以答应下来；如果时间不允许，那么就要婉言拒绝。

不论是工作还是生活中，说话一定要留有余地，千万不要把话说得太满，否则会打自己的脸。比如刚撂下一句"我不喜欢××人，我们是不可能成为好朋友的"，但是没过多久两个人却成了要好的朋友，就会给人留下一种"说话不算话"的印象，一旦这话后面再传到朋友耳中，可想而知会是一个什么样的后果。包括一定、绝对、总是等这类绝对化的词语也要避免出现在沟通中，比如，"我办事你绝对放心"、"这事我一定能给你办成"等，如果后面出现了意外就不好向当事人交代了。

总之，常言道："君子一诺值千金。"不要让你的诺言成为没有分量的信口胡诌，要说到做到。如果确实事出有因，无法兑现，必须在第一时间向对方解释，不要夸下海口，以至于到最后败光人品，难以收拾。切记，不要轻易许诺，一定要在深思熟虑之后再做承诺。

背后议论他人是非也是在沟通中不可取的，第二章中《驴是怎么死的》，除了信息传递的误差，也同样有背后论驴"长短"的因素在里面。比起夸赞，人们似乎更喜欢在背后议论别人的缺点或隐私，甚至会有各种各样的毫无根据的消息传播出来，给对方造成困扰。从古至今，人们对于八卦的好奇心一直都存在，流言蜚语在这份好奇心的驱使下传播的速度很快，危害很大。众所周知，在背后诋毁别人是一件非常错误的事情，不仅有损对方的形象，更会拉低自己的人品，甚至会触犯法律。

某次会议之后大家一起吃饭，在饭桌上，同事开始吐槽某部门的某位主管。因为两个人的处事方式不同，所以在工作上一直有一些摩擦。以前同事在工作中能够顾全大局，在私底下也很少提及对方。这次同事突然开启吐槽模式，原因是他在工作会议上提出的方案被那位主管否决了，他觉得面子上有些挂不住。那位主管是一个事业心很强的女人，她的爱人在她出差时做了些出格的事情，最终两人以离婚收场。于是，同事便把主管在婚姻上的不幸拿出来大肆谈论。

这位主管在会议上否决了他的提议，肯定是因为其方案有不可行的地方，况且这个决定是集体讨论的结果，并得到了上级的批准。所以，他这样无所顾忌地揭人痛处，不仅没有在同事中找回自己的面子，反而遭到大家的鄙视。

所以，"说人是非者，便是是非人。"在背后议论别人的短处，是一个"损人不利己"的行为，是没有头脑的表现，也是一种对自己不负责任的行为。我们必须认识到：揭他人短处的过程，其实也是展示自己鄙俗形象的过程；暴露别人的隐私会让你的形象瞬间崩塌，再也不会有人愿意跟你分享私密的事情。你毁掉的不是两个人的关系，而是你的整个人际关系。

沟通中一定要避免出现惹怒对方的行为，以下几种行为容易在沟通中会令沟通对象感受不好或产生情绪：

首先是给对方贴标签，我们可以从两方面来思考这个问题：第一，有没有被别人贴过标签；第二，有没有给别人贴过标签？

给别人贴标签可能感受不太明显，但被别人贴标签的感受会比较明显，我记得小时候被家里长辈贴了一个"扫帚倒了都不会扶起来的人"的标签，使我的内心无比的难受，其实在我的观念里面也就那一次，正好因为想事情没关注到扫帚横倒在地。可就因为这样被贴上了一个"懒人"的标签，如果我不承认，长辈会认为我在狡辩；如果我承认了，不符合自我认知。久而久之，就懒得争辩了，想想就觉得难受，后来就直接摆烂，逃避这件事，后来演变成逃避打扫卫生，我也就彻底成了一个"扫帚倒了都不会扶起来的人"。

不论是孩子还是大人内心当中也存在着大量的冲突。我们之所以痛苦，是因为内心当中积压了太多的冲突。比如，有些人一方面告诉自己"我一定要出人头地，赚钱是非常重要的事"，而另一方面又觉得自己"根本没有能力赚钱"，在心理上就产生了冲突。

随便给人贴标签是一种不尊重他人的沟通方式，会给别人制造意识或潜意识的冲突，回顾一下自己过去的沟通，有则改之无则加勉。

其次，忽视对方的感受，虽然换位思考有利于沟通，但有的人偏不引起重视，做事说话完全忽视别人的感受，从不征求别人的意见。这种情况在与比自己弱的群体（比如孩子、员工等）相处时往往表现得最明显。无论是面对孩子、员工还是合作伙伴，我们在互动交流中不考虑他人感受，最后的结果是冲突的爆发或升级，比如孩子的青春期、员工愤然离职、生意的散伙等。

再有就是用威胁的口气说话，一般情况，人不会接受有人用威胁的口气跟他说话，就连孩子发脾气的说："我再也不吃饭了"，有些父母都受不了，更何况我们平常的人际交流。

但有的人就是习惯于用威胁的口气跟人说话。早期我们有个生意上的合伙人经常喜欢用威胁的口气跟我交流，当我对某件事提出疑虑的时候，他的反应就是"你再这么说，我们就不合作了"，虽然事情依然被推进了，但在后续的合作中我很难有跟他共事的激情。在部分家庭里面，也会出现类似的情况，比如，孩子走路慢，父母威胁说："再不走就不要你了"，给孩子心理上造成极大的不安。

威胁不但会影响人际关系，更重要的是会降低对方的人格，破坏人与人之间尊重和信任的基础。事实上，只有当我们的内心认为某种做法是正确的，才会说出恰当的话来。尊重就像空气一样，它存在的时候，你不会有感觉，但一旦它不在了，你立刻就会感到不舒服。因此，尊重在沟通当中有着非常重要的地位。

最后，喜欢与人攀比，爱攀比的人在我们的生活中很常见，究其根源，其实是期望得到他人的认可。项羽曾说过这样一句话："富贵不归故乡，如锦衣夜行，谁知之者！"[29]项羽在攻占咸阳之后，有人劝他先定都，然后集结兵力一统天下，可项羽却急着要回故乡，认为人发达了不给父老乡亲看看，就像穿着漂亮的衣服在夜里行走，谁能知道呢？结果错失良机，最后被壮大起来的刘邦打败。家庭教育中也有类似的魔咒存在，比如"你看××做得……"，有段时间就有人戏谑的将这种现象叫做：永远有一个隔壁家的孩子比你强。

喜欢与人攀比的人，无非就是希望通过获得别人的认可和赞扬来获取心灵上的满足，但有时会令人厌烦，甚至还可能会在无意中伤害别人，使别人不自觉地陷入被动攀比当中。无论与谁攀比，最终的结果是令沟通双方的焦点都在评价上面，而不在解决问题上面，无法进行有效的沟通。

总之，如果我们用以上这些方式与人沟通，如果与成人沟通则影响我们的人际关系，如果与孩子沟通则阻碍孩子的成长。

本节的作业是：回想一下，在近期的与人沟通中有没有踩过哪些影响沟通效果的"地雷"，找到它们并做一个改善计划。

第四节　影响沟通效果的自身因素

一个人所展现出来的不同精神面貌会对沟通效果产生不同程度的影响，除了销售，在家庭、公司、社交中或多或少都存在一些现象能证明这点。家庭中夫妻交流，有些朋友回家后喜欢放飞自我，比如抠脚丫子、蓬头垢面之类的，一天两天还好，时间久了，要跟这类型的丈夫或妻子沟通是需要勇气的；公司里面，偶尔会遇有这样一种现象，即某人中规中矩，业绩、工作虽然不是最好的但也不算差，却经常被领导痛批，这时我们就要看看这位经常被骂的人，他的气质如何；社交中，一些聚会里面那些看起来气质出众的男女最容易吸引人们的眼球，也是最容易被人搭话的。所以，一个良好的精神面貌有利于他人对你产生积极的关注，从而对沟通产生良性的发展。一般对我们精神面貌产生影响的因素，除了外在的着装打扮外，还包括精神、智力、情感和身体的状态，要想在这四个层面上保持良好的状态，需要我们做到持续的更新。

首先是精神

睡眠是影响人精神状态的一个重要因素，还有个因素是思想混乱的程度，一个思绪繁杂的人经常给人一种十分疲惫的感觉，总觉得他瞌睡没睡够，所以思想清零是沟通者一件非常紧要的工作。思想不会清零的人，不但会影响到正在沟通或处理的事情，还会影响到后续与其他人的交往。关于思想清零方式有很多，比如有氧运动、打坐、催眠、冥想、念经、祷告、礼拜等，简便易上手的方法是冥想，也是我用得比较多的方式，因为坐着、站着、躺着都可以完成，适合生活节奏比较快的人。

选择坐着冥想的话，要选那种能让后背靠着、腰部能托起的椅子，然后坐直；如果是躺着的话，要求就是把头枕好、身体平躺。这两种方式都能够闭目操作，对身体其他部位的要求是双手、双腿自然放下，不要交叉，然后想象自己在沙滩或草原或沙漠或者其它令你觉得身心舒畅的场景，任选一个，接着发挥你的想象力，想象阳光照在自己的身上，你感觉很惬意……那种既不刺眼、也不刺激皮肤，但照在身上很舒服的阳光。然后想象阳光从头到脚沐浴着你，阳光照在头顶……头顶的头皮跟着放松……照在面部……面部跟着放松……照在脖子……脖子跟着放松……依此类推，肩部放松……胸腔放松……腹部放松……背部放松……腰部放松……双臂放松……双手放松……双腿放松……双脚放松……，阳光照在哪里那里就放松……从上到下、从前到后、从里到外依次放松，直到浑身上下都放松了，想象所有的疲惫和烦恼都随着你的呼气，慢慢地离你远去……，随着你的放松程度越深，你会感觉到越来越舒服……，慢慢的很多东西都不想想、也不会去想了……，你就静静地体会这种舒适和身心愉悦的感觉……。做这个练习，尽量找一个没人打扰的空间，每次5—10分钟即可，如果条件允许的话可以放一些轻音乐或冥想音乐。

站着冥想也很简单，站在阳台或山顶上或其它安全且视野开阔的地方，最好没有其他人来打扰你，站直身体、全身放松、双手扶着能稳定身体的物体，如阳台扶手、山上的树等，然后目视前方，如果能看到远处更好，看不见远处也可以发挥你的想象力，想象你能看见高楼背后的群山，想象它们是什么样子的……，想象你能看到群山背后的草原，草原上都有些什么……，想象草原背后的大海，看到无边无际的大海你有什么样的感受……，穿过海平面看到了广阔的天空，面对如此广阔无垠的天空你的感受又是什么……，随着你越看越远、视野越来越开阔、内心也会越来越平静……，我们的身体和思想都如同一粒尘埃漂浮在无尽的空间之中，慢慢的什么都不用想了、也不必想了……，什么烦恼、疲惫都会慢慢地消融在这广阔无垠的空间之中，随着空间的扩大内心会变得越来越平静……，你只需要静静地体会这种心胸开阔的感觉……。这样的练习，5分钟左右就能完成，建议选择独处的时候来练习，主要是预防别人以为你在发呆，可能会有意无意的逗你一下，惊吓到处于安静状态的你。

思想清零是对我们大脑最好的一种休息方式。而且在清零之后，我的头脑会变得更加清醒，思考问题时头脑也很清晰，更容易关注到当下的体验和感受，便于开展有深度的沟通。

其次是智力

一个人的智力水平主要体现在认知水平和思维方式

两个方面。

一是认知的更新和思路的整理。沟通当中一门重要的功课就是知彼解己，这是一门终生都需要修行的功课。不论是了解他人或事物、还是换位思考都是知彼解己的基本功，这就要求我们对外部的信息持续保持开放接纳的态度，不断的更新知识和调整认知才能在沟通中看到：如何共赢。沟通中的另一门功课就是表达，思路的整理就是为其服务的，通过思路的整理让我们的表达更具有逻辑性和完整性，同时由于整合了多方的信息使得沟通对象更能够听懂和理解我们所表达的内容。

二是思维方式的迭代，沟通不仅要涉及表达、倾听和身体语言，还要涉及人们思考问题的方式与逻辑，这些方式与逻辑就如同计算机的程序。如果将人脑比作超级"计算机"的话，那么神经网络就是这个"计算机"的硬件。然而光有硬件，"计算机"是无法工作的，还需要软件，"思维程序"就是大脑的"软件"。

如果某些特定的现象重复出现并且导向同一种结果，当事人的大脑就会自动建立一种逻辑关系，即这些现象会导致这种结果的推理关系，这样的逻辑就是思维程序。下面举一个事例来说明思维程序建立的过程。

首先是思维程序的建立

小何的父母具有很强的掌控欲，从小到大，不需要她说太多的话，任何事情都会替她安排的妥妥的，久而久之就形成了固定的推理模式：不需要说太多话就一定有人帮我把事情做好。小何在大脑中建立起来的这种自动化逻辑，即思维程序。

思维程序一旦被安装，就成了习惯，很难改变。然而，思维程序只适用于特定的条件，一旦条件发生改变，思维程序就会过时。此时，周边的环境发生了变化，同样的现象不再演化出原先的结果，但是，由于过时的思维程序还存在，当事人还会不自觉地得出原先的结论。这个推理过程会非常迅速，以至于当事人根本意识不到使用了错误的逻辑。于是，过时的思维程序就成了"病毒"，让当局者的大脑像短路了一样，一遍又一遍地做着错误的选择，自己却浑然不觉。

我们用同一个案例，来阐释人脑中的"病毒"。

小何大学毕业后交了一个男朋友，对她体贴有加，于是两人顺利进入婚姻的殿堂，由于结婚与恋爱不同，有了家庭责任，丈夫忙于工作的时间比较多，对小何关注少了些，与谈恋爱时每次出行都会安排的井井有条相比，丈夫对其日常生活没有过多的安排，由于小何从小忽略了沟通的培养，不懂得如何表达自己的情感，于是就经常发脾气，小何认为丈夫没那么爱她了，丈夫也认为她无理取闹。但是由于小何受到幼时父母培养的思维程序的影响，几乎没有经过深思就批判丈夫"结婚前一套，结婚后又是另外一套"，认为丈夫欺骗了她的感情。

由于生活和工作的环境不同，就会造个人的思维程序不同。不论是夫妻情感、亲子教育还是组织管理，都会遇到类似的情况，以前我有位朋友，早期创业时通过合理的分钱机制来激发伙伴的创业激情，但过了两年企业上路之后，不管怎么分钱，都无法点燃合伙人和员工的激情。究其原因是他的思维方式并没有伴随着组织进化而迭代。亲子教育也是如此，幼儿、少年、青少年和青年是一个连续的成长过程，又具有阶段性的思想特征，家长的思维方式就需要伴随着孩子的成长变化而做出调整。

从某种意义上来讲，思维程序是必要的，因为可以简化思考，就像数学公式一样使我们不必每次都从头推理，加快了应对事物的速度。事实上，人们终其一生学习所得，无非就是在脑子里装上了各种各样的思维程序。就如同为了让计算机完成更多任务，就要安装上各种应用程序一样。计算机没有安装 Word 软件，就无法轻松地编辑文档；没有安装 Excel 软件，就不方便处理数据。人也一样，没有安装过"语文"这套软件，阅读理解就比较费劲；没有安装过"数学"这套软件，计算就很困难，没有安装过"沟通"这套软件，就会在人际交往上付很大的代价。

再次是情感

一个人的情感丰富程度就决定了他在面临沟通逆境时的应变能力。情感单一的人，容易在沟通中陷入到细节之中不能自拔，俗称"钻牛角尖"，解决问题的方式非常单一。一个人的情感是否丰富，有一种直接有效的检验方式，那就是看自己的朋友圈（指人际交往的圈子）里的人是不是性格都差不多或者朋友圈是否有更新（看有无增加新的不同类型的朋友），你会发现那些交友丰富的人情感也很细腻，而且在沟通中也很能照顾到别人的感受和情绪，从而形成一个良性循环，让其能交到更多的朋友。沟通当中的情感交流更多的是体现在倾听上面，通过倾听去关注他人的想法和感受，有利于我们甄别自己的情绪和情感，同时由于对他人的关注使我们更能赢得他人的情感和友谊。

最后是身体

谈到身体的更新，一项特别重要的措施就是锻炼，有四种特质是可以通过身体锻炼传递给我们的沟通，分别是耐力、韧性、力量和积极。这四种特质可以说是我们改善沟通和成长路上必备的特质。

不论是社会交往、教育孩子、情感交流还是团队管理，耐力和韧性是在倾听过程中必须具备的，因为我们在很多的时候对表达的需求是优于对倾听的需求，但如果我们在信息不全或了解度不够的情况下进行沟通又很容易陷入到被动的局面或者沟通无法深入的局面，这就要求我们在倾听时表现出足够的耐心和坚韧。

沟通中体现力量的方式，除了内容精简直接和坐直站正以外，气息是很重要的，说话的力量不是看声音的大小，而是我们的声音是从鼻子、喉咙传递出来的，还是从胸腔或腹部发出的，从鼻子、喉咙发出的声音容易显得尖锐（比如儿童节目主持人），而从胸腔、腹部发出的声音更显浑厚（比如新闻联播主持人）。在表达时，气息稳定，会给人一种稳重、沉着和自信的感觉。所以运动过程中对气息的锻炼有利于沟通中表达的效果。

身体锻炼带来的血液循环的通畅，缩短了"信息从大脑到脚"的时间，降低了从思想到行动的阻碍，让我们在沟通中能够做到快速决策、及时行动，遇到困难也不会让其搁置太久，双腿会"带着"大脑行动起来，而在大多数情况下行动才是解决问题的良方。

这四个方面的不断更新，是实现高效沟通的基本保障，因为许多事物并非一层不变，时代在不断地变化，十年前乃至一年前人们谈论的话题和现在的话题都会有很大程度上的不同，人们对个人气质的要求标准也随着时代的发展更加的多元化，人们接受信息量也随着互联网和移动互联网的发展出现了爆炸式的增长，单位时间内人际互动频次也随着移动电话和社交APP的发明呈现出了几何倍数的增加，这些对我们精神、智力、情感和身体都是极大地挑战，不论哪个方面都要求我们要时刻保持一种不断更新的状态。

本节的作业是：对自己做一个短期或长期的在沟通上的成长规划，包含了家庭、事业、人际、健康四个维度，并定期对自己的成长进行检视、总结和复盘，同时再进行下一个周期的目标设定，循环以上步骤一年，再看看那时的你跟现在有什么不同。

家庭：_____

_____

事　业：_____

_____

人际：_____

_____

健康：_____

_____

谈到成长在这里做一个延伸，成长是每个人都会面临的课题，与我们所处行业、领域以及社会地位无关，只要生活和工作环境出现变化，课题就会出现，这就需要我们了解成长，以前没有GPS的时候，我们到一个新地方，就会在报停买一份当地的地图，有了地图就很方便了，同样"成长"也是有地图的，一般我们的成长会经历四个阶段：舒适区、恐慌区、学习区和成长区[30]。

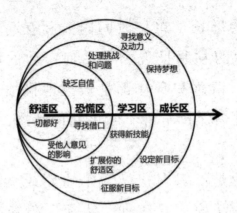

当生活和工作一切尽在掌握之中时，人们更愿意待在舒适区，可以按照即定的方式和即有的模式行事，一切都在自己的认知范围之内，过去的经验和知识足以应付当下的处境。

当进入社会的时间越长，接触的人和事也越来越多，这时开始出现一些认知范围之外的情况，比如第一次当父母的人遇到了第一次孩子的叛逆、性格内向的人从了事销售工作、表现优异的员工被提拔成了管理者或者随着团队不断的发展壮大原先的管理模式变得不再适用等，自然就步入了恐慌区，在本区人们大致会有三类反应：一是认为自己不行，没有能力应付当下的变化；二是不愿意接受不好的结果，将失败的原因归咎于他人或事情本身；三是失去了主见，很容易受到别人意见的影响，人云亦云。绝大部分人会在舒适区和恐慌区待很长的时间，由于有较早的舒适区存在，人们更容易被不安、恐惧和焦虑的情绪推动着去寻找令自己舒适的地带，而不是处理所面临的困境。

处在恐慌区的人会有很多的恐惧和焦虑不安，有点像是在做"噩梦"。这个阶段属于不稳定阶段，有些人选择继续做"梦"，不断向舒适区靠近，久而久之容易活在以自我为中心的世界里，由于客观环境的变化不允许他一直待在舒适区，因而这类人会在舒适区和恐慌区徘徊。而另一些人会选择

"梦醒"，在心态上选择了突破，从消极被动迁善为积极面对，实现心境的穿越，能直面当下的处境，积极处理所面临的挑战和问题，努力学习获取新技能以适应到来的变化，知道安定的根本是随着变化而变化，将自己的舒适地带置于动态的发展中。这样的人就进入到了学习区，这个阶段会去学习很多的东西以适应新的情境。

处在学习区的人虽然属于"梦醒"阶段的人，但也只是刚睡醒，这部分人有两个特色；一是遇到问题会积极的面对，寻找解决问题的方案，解决问题的方式多表现为向外求取答案；二是由于刚睡醒，"噩梦"所带来的心理阴影还在，在学习上展现出来的是"眉毛胡子一把抓"，表现为如饥似渴的到处去学习，即什么都想抓、什么都想学。这个阶段依然不稳定，因为人在刚醒的时候，意识比较朦胧，可能会睡回笼觉，也有可能会起床，这些人会分成三股流：一是由于不做区分的学习，导致学了太多的东西，没有太多时间进行实践和研修，反而会容易产生"学习无用"的理念，再次回归到恐慌区和舒适区；二是迷失在学习的汪洋大海之中，变得为学习而学习，沉迷于学习带来的短暂成就感；三是找到了人生的意义和自身的使命，拥有了前驱动力，学会利用张力而非压力来处理人、事和物（压力是被迫应对各种事务所产生的情绪和感受，张力是目标愿景正向牵引所产生的拉力）。进入到成长区的人会实现新的稳定和平衡，一种人与他人、人与社会和环境的动态平衡状态，将自己的梦想与现实结合，寻找到了内在的动力和自身的使命，为梦想不断的设定目标和实现目标。这个阶段的人解决问题的方式更多的表现为向内求取答案，即人认识到想要达成目标需要先调整和改变自己。

从舒适区到成长区就是一个人完整的成长过程。舒适区是静态的舒适，容易受外界的影响，容易陷入被动的境地；成长区是动态的舒适，与外界合而为一，与世界处于一种积极互动状态。恐慌区和学习区由于属于过渡区，表现为不稳定，是人与他人、人与社会和环境相处过程中挣扎的"漩涡"，这个阶段的人一般感受都不太舒服。所以会有人讲："成长不是一件舒服的事"，从某种意义上来讲，舒服不舒服还得看我们自己的选择，就像"鸡蛋从里面打破是生命的诞生，从外面打破是生命的终结"，我们是自己选择成长还是被他人、社会和环境推动着成长，过程和体验肯定是不一样的，结果也会有很大的区别的。因为从恐慌区突破到学习区和成长区需要积极面对的心态，也是变被动为主动的过程；一直处于被动状态的人，只能在舒适区和恐慌区之间徘徊。

在我们寻求改变的这条路上，不得不承认的是：对某些人而言，习惯对我们产生的引力，甚至比火箭升空初期需要摆脱的地球引力还要强得多，因为这种力量是来自于我们的内部而非外部，是来自于意识及意识深处的某个或某些因素，并不能单纯依靠外部的环境、简单的工具或方法就能改变的。想要实现改变，需要自我认同和自我趋同两股力量。自我认同指的是：承认自己能做到的和做不到的部分，并相信自己通过努力能改变的部分。自我趋同是指：我们的认知、心态和技能是否能够在实现同一目标的路上做到一致性，三者相辅相成、互相影响。认知的转变可以改变一个人的心态，从而影响技能的改变进程，比如一个人学习了沟通的知识，觉得看到了与人相处的希望，就会积极的实践沟通技能（反之亦然）；心态的转变可以改变一个人对事物的认识方向，同时影响技能的实践，比如一个对沟通改善持悲观态度，他就会认为沟通知识没用，进而不会去实践沟通技能（反之亦然）；

技能的反馈会改变一个人的认知，从而改变心态，比如一个尝试使用了某项沟通技能并且效果良好，就会信心倍增，从而更积极的实践该技能，进而认为沟通是可以提高或者改善的（反之亦然）。

想要进入到成长区，达到自我与外界的动态平衡，就需要面对由各种习惯（思维、情绪、行为等习惯）构筑而成舒适区对我们产生的拉力，这就要求我们时刻对自己的心态（信念）保持高度的觉知，能够意识到是什么在让我们走回头路，是固定思维、固定情绪还是固定行为模式？只有意识到它们的存在才有可能不受其影响。比如一个习惯在英国生活的人到中国来，由于英国的交通规则与中国的交通规则有所不同，过马路时行人需要注意行车的方向都是完全相反的，如果他不能意识到：还在用英国的交通规则指导自己过马路，那么他极有可能酿成不可挽回的后果（被车撞的危险）；但当他意识到自己的思考问题的准则和中国的道路状况不匹配时，他遇到危险的可能性就会变得很小。而他要想真正适应中国的交通道路，就必须学习中国道路交通规则（认知改变）、积极面对环境的改变而不是抱怨（心态调整）、练习过马路时向左看而不是向右看的能力（技能实践），使认知、心态和技能的改变或调整同时服务于养成"符合中国规定"的过马路习惯。只有三者合一才能促成行为的产生和习惯的改变，以适应不同的环境和情景。

以上就是本章关于沟通中可能会出现的一些细节问题，不够全面的地方敬请见谅，欢迎大家提供宝贵的意见和建议，我们共同构建高效能的沟通方式。

第四章 应用情境
——不同情景中沟通的作用

我们在第一章第一节提到了日常生活中我们会用到沟通的情景有很多,在这里重点就团队协调、家庭交流和商业谈判三个情景做一个沟通应用解析

第一节 沟通与团队建设及团队管理的关系

我们作为人类,一个人的时候,所能做成的事情是有限的。可以说,生活在这个世界上的人,或多或少都跟其他人存在着一定的关联——自己做不成的事情需要别人帮忙。团队不仅仅是商务人士必不可少的工作形式,其实,小到上学的学生,大到跳广场舞的老年人,男女老幼谁都需要团队。涉及到团队就离不开两个话题,即维持稳定和谋求发展。所以团队需要不断的升级迭代,而伴随整个组织的进化,离不开团队的建设和完善。

团队建设有一个核心目的就是提高绩效,影响绩效的因素包括:领导风格、文化背景、愿景使命、个人能力、情绪状态和协作能力。因此对一个团队而言,共同的目标、共识

的约定、共通的文化以及共进的氛围就显得特别的重要。任何个人想要实现的收入增加、能力提升、认知拓展和情感归属等愿望，只有在一个稳定前行的队伍中才能达成，一艘风雨飘摇、破烂不堪或毫无方向的船是很难给船员提供一个安全的身心环境去创造和奋进，在这样的环境中绝大部分人思考的重心更多的是自我的生存。关于高绩效团队成员的状态，有一句话表达得很准确，叫："君子和而不同。[3]"这句话放在团队里面的解读就是：一个高绩效的团队要有共同的方向，同时每个人在同一愿景使命下，有不同的思考角度和目标达成方案。想要实现团队的高绩效就需要创造性思维和创新性思维，因而会出现大量思想和情感的碰撞。所以高绩效团队建设的前提就是要不断引发每一位成员坦诚相见和深思，这就要求团队环境能给成员带来足够的安全感，而这个安全的环境很大程度上取决于团队负责人是否能做到既讲原则又能保持开放和接纳的态度（注：我们将团队比作一艘船的话，目标目的是航行的方向、使命愿景是船长和船员的前进动力、规则原则或公约是维持船体稳定的铆钉，三者缺一则不能称之为团队）。所以对于团队负责人而言，目标管理和绩效教练以及氛围营造都是不可或缺的。

首先是目标管理，对于来到团队的每一位成员，既然愿意待在团队里就一定有他的目的或理由，而管理者的使命就是让这个目的或理由成为团队大目标的一部分，而不是团队大目标的障碍。这就要求管理者去深入了解或理解每个成员的想法，无论他是来挣钱的还是来学习成长的或者是来寻找归属感的，都需要明确，才知道他在团队中能发挥何等作用，才能使人和团队都变得高效能，在实现他个人小目标的同时又能为团队大目标添砖加瓦。在这个过程中，沟通就显得特别的重要。一般来讲，不论是就个人还是团队而言，在做目标管理时，有个基本的标准就是团队要有一个梦想蓝图或者团队愿景和三个检验指标或者关键动作，比如某产品销售团队想进军该市销售排名前三（蓝图），那么三个检验指标分别是每个月客户数量至少2000人、营销活动至少20场、老客户维护至少500人。蓝图或愿景可以是宏达的、激动人心的，检验指标或关键动作一定是要具体的、可操作的和能检验的，三个检验指标或关键动作实现的同时蓝图或愿景就能顺便达成，前者是过程的践行、后者是结果的呈现。下一步再把这些检验指标或关键动作分解到每月、每周和每天，然后定期检视、复盘和调整。

其次是绩效教练，这对管理者来说是一个很高的要求，随着现代信息的发展、知识的大爆炸、思想的开放，每个人对事物的认知都有不同的看法，而这些看法是否有利于个人的发展、团队绩效和目标的达成，就需要我们通过沟通去做一个清晰的梳理。这个梳理需要我们明确四个方面的问题，即第二章第三节中的"GROW"模型，这些问题在该章节中已有详细的说明，就不在这里展开了。不论是自我教练还是对他人进行教练，要想让这些问题发挥作用，需要我们注意这几点：是否对相关人和事做了充分的了解（保障提问的准确性）、是否做了深入了解而不是浅尝则之（便于寻找真实的目的和意图）、是否对不同意见保持开放接纳的态度（鼓励自己或他人充分的表达）、是否以平等的心态对待他人（尊重他人的想法是赢得信任和支持的前提）。

最后是营造氛围，这里有一个管理原则：能用方法解决的问题一定不用教训来解决，能用氛围解决的问题一定不用方法来解决。因为一个有追求的人不需要告诉他方法，一个心态积极的人具有很强的内在动力，他会主动去探寻方法或答案，而是不是单纯依靠别人的灌输。心理学研究发现，人在很大程度上会受到来自环境的影响，历史上比较典型的案例就是"孟母三迁"，还有我们经常遇到的"从众效应"或"集体无意识"。所以培养一个人良好的心态，需要有一个与之相适应的工作或学习环境，这就是我们的团队文化或者团队氛围。而想要营造属于团队特有的氛围，除了管理者有自己的方向外，还需要对团队成员做大量的了解和充分的沟通，比如，管理者想要营造一个付出的氛围，就需要了解每个人对付出的理解，对于吃货而言，他可能会觉得给大家找美食是付出；对于能力强的人，他可能会觉得帮个忙是付出；对认知丰富的人，他可能会觉得分享知识或经验是付出；对阳光积极的人，他可能认为随时保持乐观的心态赋能他人是付出。所以一个团队的氛围，方向是由管理者来定，而营造则需要共同的努力，而要实现共同努力又需要管理者对团队成员的关注和沟通。这也就是为什么"种瓜得瓜种豆得豆"的原理同样适用于团队管理，管理者是懒散的、毫无目标的，团队也容易变成懒散的、毫无目标的；管理者是积极的、负责任的，团队也容易打造成积极的、负责任的；管理者是消极的、情绪化的，团队也可能变成消极的、情绪化的。所以作为管理者要明确"我是一切的源头"这一点，换句话说就是：团队管理者要有一种"若要如何全凭自己"信念，在团队中去活源头、做引发。

随着环境变化的日新月异，团队中的规则也可能在极短的时间内就过时了。当今时代，要想在行动之前就找到成功的模式，并据此制定详细的规则，是非常困难的。虽然根据事先制定的规则进行沟通，可以大大降低沟通的复杂程度。

但现如今，有时候沟通的重要性已经凌驾于规则之上，沟通不再单纯是工具，逐渐演变成了管理和合作的基本准则。团队成员之间只有通过高效沟通，制定随机应变的对策，才能应对瞬息万变的环境。不知何时，就有完全出乎意料的问题挡在团队面前，每当遇到这种情况的时候，就需要成员之间进行高效的沟通，紧密配合，才能战胜困难，一路前行。

意识到团队沟通的重要性的同时也需要我们注意沟通的频次和检验的时间。沟通的频次要避免两种极端现象：一是沟通不足，二是过度沟通。沟通不足是指缺乏"汇报、通知和讨论"的状态，而过度沟通则是指"汇报、通知和讨论"过于频繁的状态。总之，一个团队没有或很少沟通肯定会出问题，但太多沟通又浪费时间且得不偿失。特别是团队建设或改革初期会产生大量的沟通和调整，因而至少经历9个月[30]的时间才有可能初具成效，所以过程中出现任何的变化，我们需要做的是调整和完善，而不是改变初衷，否则导致前功尽弃，甚至出现更严重的后果，比如团队解散、团队内部和外部的负面效应等。

第二节　沟通与夫妻情感及亲子教育的关系

对于家庭而言，无论是夫妻情感还是亲子教育，最大的障碍就是情感冲突和思想对立。家庭沟通是所有沟通中难度系数相对较大的，因为有太多的情感因素在里面，这就是为什么会有"清官难断家务事"这一说法，有一种现象在许多家庭里面都出现过，那就是同样的话被家人说出来和外人说出来，产生的效果完全不同。我从事咨询行业这几年，经常会遇到夫妻会这么说："我给他说的话，他都不听，别人说什么，他很容易就听进去了"。

现在市面上有很多的关于家庭教育和夫妻情感类的课程和书籍，如果看了很多的书、学了很多的课，依然没有解决问题，这个时候就需要回归到自身，从认知、能力、心态及信念去思考和分析，自己做出哪些调整，结果才会有所不同，而不仅仅只是学习方式或方法。比如，孩子玩手机游戏，父母什么办法都用了，比如控制时间、定规则、收手机等，如果收效甚微的话，此时，父母就需要思考自己对手机的态度是什么以及对孩子玩手机（现象）的想法是什么？如果父母自己都认为：休息就是刷视频或者打游戏，那么孩子这么认为也就不奇怪了。父母一回家就拿起手机或在孩子做作业时一直拿着手机，孩子出现类似的行为也就顺理成章了。我见过很多父母会说："各管各的，而且我在外面挣钱累了，回家都不能自由一点，刷一会视频吗？"确实如此，父母有这样的权利，值得思考的是：父母同样有教育孩子的义务，有一件我们不得不承认的事就是孩子在还没有具备良好的行为习惯和正确的价值观之前是不具备自我管理能力的，而行为习惯需要父母从认知和行为上去引导而不是简单的说教。虽然我们不能简单的一概而论："孩子是父母的复印件"，相信有一点大家都是认同的，那就是孩子早期形成的思想和行为来自于对亲近人的模仿。因此如果要改变孩子玩手机游戏这一行为，所有的方法都尝试失败后，这时需要改变的可能不仅仅是孩子，父母也要做出一些调整，甚至是整个家庭系统或家庭氛围都要做出调整和改变，才有可能达成目标。也许有人会考虑到环境因素，那就看看在同样环境中自我管理做得很好的孩子吧，他们是如何做到的，而他们的父母又是如何引导的？

其实，家庭沟通也是一件很简单的事，简单到我们都难以置信的地步，简单到我们很容易忽略的地步，为什么这么讲呢？这就需要回归到我们建立家庭的初衷，与其他关系相比，建立家庭关系初期寻求情感归属的需求会更大些。家庭早期的矛盾基本上都来自于情感需求没有得到充分的满足，当然这是建立在夫妻双方不存在太大的生活和经济压力的情况下（为生活而发愁的夫妻则另当别论），家庭建立早期情感基础比较好的夫妻，即便是到了中年危机，夫妻风雨同舟的概率也会大很多。夫妻感情是如此的，孩子的教育亦是如此。与"教孩子怎么做"相比"陪伴孩子成长"显得尤为重要，现在许多家长头疼的一件事就是孩子作业难的问题，一些家长的态度是抱怨、另一些家长则是充当家庭教师，还有一些家长做出了比较智慧的选择，即陪伴孩子成长。在我遇到的那些孩子教育比较顺利的家庭，陪伴是一个不变的主题，所有的教育和沟通都是在这个基础之上。我之前遇到一位家长为了培养孩子看书习惯，在小学三年级之前每天下班回家都会陪着孩子一起读书，采用的是"你读一句我读一句"的方式，后来这孩子养成了良好的读书习惯，放学回家第一件事就是看书。孩子做作业也是如此，从幼儿园大班到小学三年级是一个很重要的过渡期，这个阶段需要培养两个习惯，一是学习意识的培养、二是面对学习困难的心态培养。首先是学习意识的培养，这个阶段的孩子要从游戏学习（玩）过渡到经验学习（书本和他人教授），不是我们简单告诉他：你应该学习、应该写作业（这是许多家长在重复的事），而是每次放学通过与孩子的沟通，询问他今天交了哪些朋友、遇到了哪些有趣的事以及都学到了哪些知识，来让其关注学校的学习和生活，通过询问他今天放学后的安排来来了解其对学习的关注度和明确其学习的意识，而不是回家后简单直接地就叫孩子：写作业。如果通过沟通发现孩子并没有对学习有规划，那么就需要父母陪伴其做好学习规划。其次是面对学习困难的心态培养，目前我国一二年级与三年以后的作业量相比是相对比较少的，但这个时候孩子会有一些现象出现，比如写着写着跑去玩、去吃东西或叫爸爸、叫妈妈，之所以会有这些现象的出现：一是因为孩子的专注力时间没那么长，这跟他的大脑发育和专注力培养有关；还有个原因就是他在写作业过程中遇到了困难，刻意在回避（趋利避害是人之常情），当这种行为出现的时候，对孩子而言，与指教相比更需要一个情感依托，大人的陪伴就显得特别的重要。这种陪伴并不是父母看手机或做家务、孩子自己写作的陪伴，而是一种带有关注性质的陪伴，他遇到不认识的字要帮其读一下，遇到思考不出来的问题需要父母通过提问来帮其澄清和重构问题，不断培养他自主思考解决问题的能力，而不是简单地告诉他答案或解题思路，就像我们前面讲过的，缺乏自主性的人告诉他再多的方法也是无效的或者低效的。我身边有这样一位朋友，她的两个孩子在学习上都有很高的自主性，她在两个孩子很小的时候，每次孩子作业遇到困难，她都会选择陪在孩子身边，其处理方式是要么陪孩子再读一遍题或者是问孩子"你觉得这题应该怎么做"，当孩子担心自己会做错的时候，她鼓励孩子敢于犯错，培养孩子在错误中总结经验教训的习惯。所以她培养出来的两个孩子，在学习上自主性非常的高，而且学习成绩也很好。

　　总之，不论是夫妻情感还是孩子的教育，有一句话是最好的总结："陪伴是长情的告白！"对于家庭而言，陪伴是建立情感账户的基础，陪伴是沟通重要的前提，如果家庭沟通不畅，需要回归到自身，思考自己对情感的投入是否满足了对方的情感需求。在沟通中，能准确标注和反应对方的情感是一项非常重要的能力。

第三节　沟通与商务谈判及商业合作的关系

如果说团队管理最难处理的是意见分歧、家庭交流最难处理的是情感纠葛，那么商业谈判最难处理的就是价值平衡。双方或几方都是利益相关方，怎样做到既保持了己方的立场又能兼顾对方的情绪和价值，同时让双方都能获益，促成合作以及推进各种事项。

举个形象的例子，在一个阳光明媚的下午，王某去经销商那里买一辆心仪已久的汽车，坐在接待厅里面与一位看起来比较友善的销售员谈论车辆买卖的事情，王某充分表达了他对这辆车的喜爱。

销售员给了王某一个很平常的微笑，然后给这辆"漂亮汽车"出了一个27.8万元的价格。

王某对销售员表示理解地点了点头，向对方表示出友善的态度并说道："我能出的钱是26万元，我可以用现金预付定金，提车时刷卡支付其余所有的钱。可是对不起，我恐怕付不起更多的钱了。"

销售员的笑容闪动了一下，摇了摇头说到："我相信你理解我们不会卖到那个价格。原价就是27.8万元。"

王某客气的问："那我该怎么办呢？"

销售员说"我相信你总有办法解决27.8万元的问题。"

　　王某继续赞美地说："这辆车很漂亮，真的很迷人，我都说不出有多喜欢它。它值更多的钱，比我能支付的要多。但很抱歉，这真让我尴尬，我真的付不起那么多的钱。"

　　销售员看着王某想了一会儿，随后站起来，走进了后面的办公室。过了一段时间，他回来告诉王某因为节假日的原因，老板同意给王某用27.6万元的价格成交。

　　王某说："非常感谢，你的新价格真是太慷慨了，拥有这辆车是我的梦想。我真希望自己能以这个价格拿下，但令我十分难堪的是，我还是付不起。"

　　销售员沉默了，但王某等着他的反应。随后，他叹了口气，又走进了刚才那间办公室，回来说："你赢了，经理同意以27.2万元的价格卖给你。"

　　王某继续说："十分感谢你。你实在太慷慨了，我都不知道该怎么感谢你了。这辆车值你给我出价的两倍。同时我表示非常地抱歉，我真的付不起。"

　　销售员又一次站了起来，这次一点笑容都没有了，几秒后，他又离开这里去找经理了。王某静静地等着，一分钟后，他回来坐了下来说："我们同意。"

　　就这样，一个星期后王某开走了他心仪已久的车，价格是26万元。

　　像这种拉锯式的交流，几乎在商业谈判或合作中经常会出现，通过以上事例我们可以对商业谈判或合作做一个简单的分析，这个例子成立的条件可能会有以下情况：

　　第一，甲方（甲方：买方、讨价人，乙方：卖方、还价人）是否对议价对象（产品或服务）有足够的了解，比如这辆车的利润空间如何。

　　第二，作为被议价的对象（产品或服务）在价格制定之初是否预留了议价空间（讨价还价的余地），比如这辆车所有的成本全部扣除还有3万元的利润空间。

第三，作为被议价的对象目前的处境怎样，比如这辆车是否存在瑕疵、滞销、退货等贬值的因素。

第四，甲方是否对议价对象产生增值效果，比如王某是位知名人士或王某经常出入于一些有助于宣传该系列车辆的场所或其它因素。

第五，议价双方坚守心理底线的能力如何，即谁是那个先放弃的人，比如王某心里想："如果他降到27万元，我就买"。经理想："降到27万元以下，我们就不卖了"。这个时候的成交价有可能就是27万元而不是26万元，但如果经理想："如果我坚持27万元，顾客跑了怎么办，今天只有他一个顾客而且是月底最后一天，他跑了这个月业绩就完不成了，26万元成交其实我们也不亏，还能赢得总部的奖励"。那么成交价就是26万元。

议价或谈判的过程是比较艰苦的，是利益和价值的角逐，也是心理与智力的挑战。其实，大部分的谈判中都会遇到一个看不见的时刻点，会由之前松懈的、非正式的互动，突然转变成对抗和严肃问题的谈判。如果我们能敏锐地感知到这个时刻点，用重复和标注（第二章中第二节）的方法增进和谐的气氛，用循迹提问（第二章中第二节）的方法排除了对方犹豫的想法以及情绪上的障碍，通过确认和总结对方的权益，让对方觉得"你说得对"，从而营造良好的议价氛围，然后"坐等议价"。

因为价格上意见不一，买卖双方会进行一场角逐，在谈判的各个阶段，没有任何一个阶段比讨价还价更让人焦急和充满发散性的了。这也是为何这个阶段需要更多摸索也更容易出现错误操作。对大部分人来说，这并不是一个舒服的体验，即使有时我们准备了万全之策，但许多人在谈价格的时候还是会出现失策的行为。

无论谈判还是合作最好是以双赢为前提来开展，才能可持续，过度损害任何一方利益的行为都不是长久之计。双方可以在短期利益、长期利益、公众影响力、产品价值、产品附加价值等多种因素去寻找平衡点。

沟通的应用情景不止以上三种，还有沟通与演讲的关系、沟通与电话交流的关系、沟通与企业管理的关系、沟通与身体语言的关系、沟通与逆境的关系等，这些都是沟通实践中会遇到的一些具体情况，在我们的工作坊里面都会进行研讨和学习，同时期望将来有机会将这些内容形成文字公布出来。

最后，本书提供的许多沟通原理和工具，需要实践和应用才能发挥其作用，希望它们能成为读者提升和改善沟通的依据，而不仅仅是拔高认知和点评他人的论据或道理。改善沟通从自我做起，让我们共同营造一个开心快乐的家庭、高效共赢的事业以及和谐幸福的社会。

本书的作业：用一张结构图梳理出本书所提供有关沟通的原理、理念和工具。

后记

随着自动化、数字平台和其他创新项目的发展，我们的工作和生活基本性质正在改变。根据目前论证的技术，大约60%的职业中有至少30%的活动在技术上可实现自动化[30]。

根据近年来世界经济研讨会的"就业前景"报告分析[30]，全面概述了职场所需的技能，重点探讨了近年职场中最重要的一些技能，比如解决复杂问题的能力、批判性思维、创造力、人员管理能力、协调能力、情商、评估与决策能力、服务导向意识、谈判能力、认知灵活性。

值得强调的是某些能力是目前人工智能和自动化无法替代的，包括解决复杂问题的能力、批判性思维（解决适应性挑战而非技术挑战）、确保持续创新的创造力，以及与人打交道所需的能力，其中人际协调能力和创造力显得尤为突出。由于人拥有情感需求的特性，因而能够结合认知和社交技能的能力在未来将是至关重要的。伴随着技术的革新，人们享受着科技带来的快速变化使得人与人之间面对面情感交流的机会越来越少，手机和电脑、语音和视频的存在，使得我们的社交技能需要更新迭代，技术的进步使得社交技能变得尤为重要。科技越发展越需要我们心与心的链接，每一次的深度沟通都是一次"心链"的过程。

我们已经来到了人类发展的重要节点，技术与社会变化的节奏之快已经超过了我们组织和机构的能力所能应对的程度。美国领导力专家迈克尔·沃尔金斯就职场转型进行了深度研究，通过数据分析发现，现代职场工作者在20年内平均经历13.5次角色转变，每1.3年就会发生一次。[31]这种情况在第一次工业革命期间就发生过，现在的不同之处在于其变化的速度已登峰造极。公司、行业、政府，乃至整个社会都在非常迅速地发生巨大的变化，而老一套的看法和做法已不足以招架这些变化。在这样一个快速变化的时代，由于我们忽略了沟通的培养，导致家庭教育、夫妻情感和企业管理在不同程度上付代价，本书的出版旨在为那些经历尚浅的年轻夫妻、期望改善与他人关系的人群、初入社会与职场的人士、刚入职的市场销售人员、刚晋升的中高层管理人员以及发展初中期的企业或组织提供一个改善沟通、提高效能的方向：降低因为沟通不畅导致的经济损失或情感流失，为个人成长及企业发展提供一个着力点；减少因为误解和情绪造成的人际冲突，用人际沟通替代情感冲突，就像国家与国家之间处理问题的最好方式是对话，人与人之间情感交流和问题解决的最好方式是沟通，随着人们沟通能力和水平的提高，有利于整个社会的和谐及个人幸福感的提升。

本书的内容就到这里，期望大家通过高效能的沟通让事业和人生更加美好而和谐，最后送大家一句话以资共勉："急事，慢慢地说；大事，清楚地说；小事，幽默地说；没把握的事，慎谨地说；没发生的事，不要胡说；做不到的事，别乱说；伤害人的事，不能说；讨厌的事，对事不对人地说；开心的事，看场合说；伤心的事，不要见人就说；别人的事，小心地说；自己的事，听听自己的心怎么说；现在的事，做了再说；未来的事，理清思路再说；如果对我有不满意的地方，请一要定对我说！"

感谢为本书出版给予的支持的亲朋好友们，是您们为更多的人改善沟通增加了一份可能。感谢堂哥穆圣陶律师的信任，让我在其律所开展培训工作，使我的沟通和管理课程得到了"打磨"，筛选出了有效实用的内容。感谢堂姐穆燕给予的爱护、包容和支持，在我无助的时候，送我去参加了教练技术三个阶段的学习。感谢父母（穆忠兴和刘继碧）给予了我生命，感谢叔伯婶婶（穆忠荣和马文湘、穆忠富和张玉琼）的养育，感谢姐夫纳继伦和嫂子谢建梅的长期的关爱，我的成长离不开他们多年的鼓励和支持，才有机会撰写本书。感恩所有陪伴和支持我成长的亲朋好友。感谢每一位读者朋友的支持，您能耐心地读到最后，我倍感荣幸！

关键信息和重要概念的出处

1、百度文库

2、《终身成长》卡罗尔·德韦克著，楚祎楠译，江西人民出版社

3、《论语》孔子及其弟子著

4、《高效能人士的七个习惯》史蒂芬·柯维著，高新勇等译，中国青年出版社

5、《4D卓越团队：美国宇航局的管理法则》查理·佩勒林著，李雪柏译，中华工商联合出版社

6、《不懂营销的律师不是好律师》王念山、黄敏著，台湾出版社

7、《庄子·秋水》庄周著

8、乔哈里视窗（Johari Window）是一种关于沟通的技巧和理论，是由乔瑟夫和哈里在20世纪50年代提出的，将人际沟通的信息比作一个四格窗子，由开放区、隐秘区、盲目区、未知区组成，有效沟通就是这四个区域的有机融合。

9、《孙子兵法·谋攻篇》孙武著

10、《心理咨询师（基础知识）》，中国劳动社会保障出版社

11、《组织进化》李刚著，电子工业出版社

12、《道德经》李耳著

13、电影《中国合伙人》陈可辛导演

14、电影《国王的演讲》汤姆·霍伯导演

15、《金字塔原理大全集》 芭芭拉·明托著，汪洱、高愉译，南海出版公司

16、《交互沟通分析（TA）》 马克·威多森著，高德明等译，化学工业出版社

17、《生命的重建》 露易丝·海著，谢明宪译，南海出版公司

18、《心理咨询师（国家职业资格三级）》，中国劳动社会保障出版社

19、《NLP高效沟通》 山崎启支著，郭晨然译，北方文艺出版社

20、《非暴力沟通》 马歇尔·卢森堡著，刘轶译，华夏出版社

21、《掌控谈话》 克里斯·沃斯著，赵坤译，北京联合出版公司

22、"5Why"分析法由丰田汽车公司的创始人丰田喜一郎的父亲丰田佐吉提出

23、《六项思考帽》 爱德华·德博诺著，马睿译，中信出版集团

24、《谁动了我的奶酪》 斯宾塞·约翰逊著，魏平译，中信出版集团

25、《高绩效教练》 约翰·惠特默著，徐中、姜瑞、佛影译，机械工业出版社

26、《聪明人极简图表工作法》 高桥政史著，易哲译，湖南文艺出版社

27、电视剧《人民的名义》 李路导演

28、电影《无问东西》 李芳芳导演

29、《史记·项羽本纪》 司马迁著，中信出版集团

30、《麦肯锡底层领导力》 克劳迪奥·费泽、迈克尔·伦尼、尼古莱·陈·尼尔森著，中国友谊出版公司

31、《行动学习画布：团队互助学习实操指南》 唐长军著，电子工业出版社

32、"地图"指我们想要传递给对方完整信息的缩减内容，比如经常遇到的"同样材质和样式的衣服"被称为"同款衣服"，经常上网的人就能理解，而那些远离城市从不用手机的人理解起来就很费劲了。